Nouveau Passe-partout

Les clés de la conversation
et de la grammaire françaises

Franck DELBARRE
Alexandre GRAS
Mitsuru OHKI

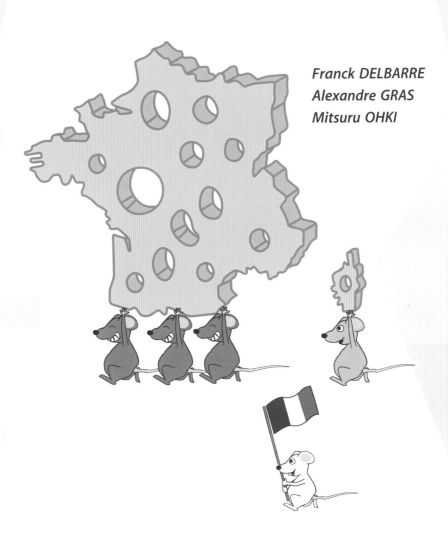

SURUGADAI-SHUPPANSHA

LA FRANCOPHONIE

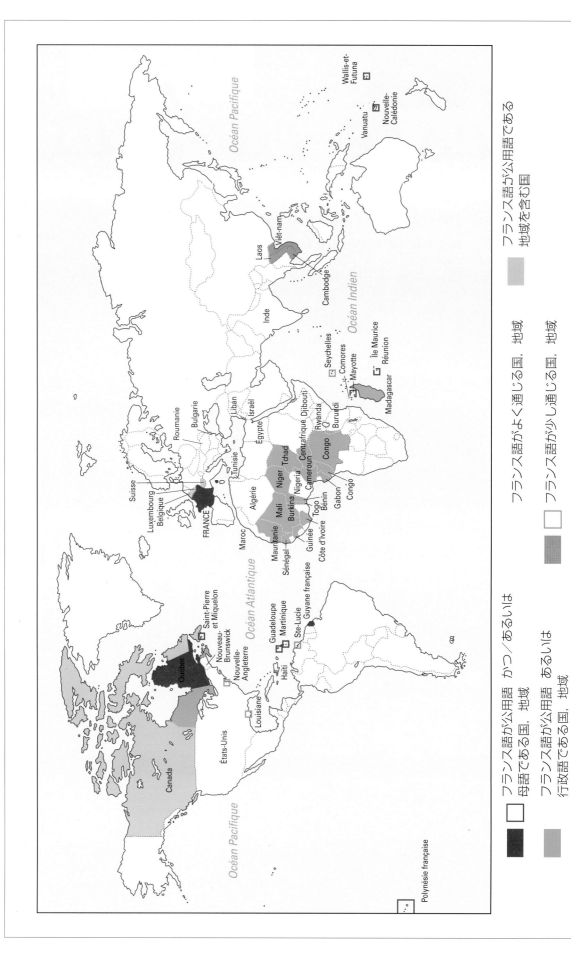

はじめに

　フランス旅行をするのに必要な表現を学びながら，フランス語の基礎をマスターしましょう．このテキストは，10個のユニットで構成されていて，各ユニットはさらに a と b の２つのパートで構成されています．

① **会話**：ダイアローグの他に会話パターンがあります．会話パターンは，何度も発音して覚えましょう．
② **Exercices**：会話パターンと基本的なヴォキャブラリーを使って，実際に練習してみましょう．
③ **考えてみよう**：英語や日本語とくらべながら，フランス語の特徴を考えてみましょう．
④ **Civilisation**：外国語を学ぶ目的は，コミュニケーションのためだけではありませんね．言葉が話されている国の文化も理解するようにしましょう．
⑤ **Vocabulaire 語彙**：ヴォキャブラリーをたくさん知っていると会話もゆたかになりますね．
⑥ **Grammaire 文法**：会話パターンを応用するためには，ヴォキャブラリーだけでなく文法も必要ですね．文法に関する解説と練習があります．
⑦ **Exercices complémentaires 応用練習**：フランス語によるコミュニケーションをさらに確実なものにするための練習です．
⑧ **10 questions pour réviser**：最後に，10の質問に挑戦して，どのくらい実力がついたか試してみましょう．

　テキスト全体はかなりもりだくさんですが，すべてを授業中にする必要はありません．たとえば，次のようなプランが考えられます．ユニットや事情によって，プランを変えてもいいですね．

ゆったりプラン
① Conversations　② Exercices　⑥ Grammaire 文法

ちょっと欲張りプラン
① Conversations　② Exercices　③ 考えてみよう　④ Civilisation　⑤ Vocabulaire 語彙　⑥ Grammaire 文法

これで完璧プラン
① Conversations　② Exercices　③ 考えてみよう　④ Civilisation　⑤ Vocabulaire 語彙　⑥ Grammaire 文法　⑦ Exercices complémentaires　⑧ 10 questions pour réviser

　Passe-partout とは「マスターキー」のことです．みなさんの未来への扉を開くお手伝いができれば幸いです．

著　者

＊新しい綴り字を [ ] で併記しました．

目　　次

マスターする文法

Table des matières

フランス語の発音と綴り字には密接な関係があります．規則を覚えてしまうと，初めて見た単語でも読むことができます．少しずつ規則を覚えていきましょう．

発音 🔊 2

母音の発音と綴り字

綴り字	発　音	例
a, à, â	[ア]．英語のように [エイ] と読まないことに注意．	sa**la**de **ta**ble **â**ge
e	フランス語には，日本語の [エ] よりも口を狭く開いて発音する [e] と広く開いて発音する [ɛ] がある．語末の発音しない子音字の前や短い単語では [e] と発音する．	
	① 「e＋2つ以上の子音字」→ [エ] 　　ただし，e＋子音字＋ l (r) → 無音か [ə]	**e**scargot **te**nnis **me**rci **se**cret **re**gret **re**flet
	② 1）語末にある「e＋1つの子音字」→ [エ] 　　2）語頭・語中にある「e＋1つの子音字」→ 無音か [ə] 　　ただし，語末にある es の e は発音しない． 　　ex の e はいつでも [エ] と発音する．	dî**ner** [diner] hô**tel** **me**lon **so**mmelier Lon**dres** **ex**ercice
	③ 語末にある e → 無音か [ə]	clas**se** cid**re**
é, è, ê, ë	[エ]．正確には，é は [e]．è, ê, ë は [ɛ]．	ca**fé** **biè**re **crê**pe No**ël**
ai, ei	[エ]．正確には，[ɛ]．[アイ]，[エイ] と読まないように注意．	**ai**de ess**ai** S**ei**ne
o, ô, au, eau	[オ]．英語のように [オウ] と読まないことに注意． 正確には，狭い [o] と広い [ɔ] の2種類の [オ] がある．	**ro**se c**ô**tes du Rh**ô**ne s**au**mon bord**eau**x
i, î, y	[i][イ]：英語のように [アイ] と読まないことに注意．	p**i**pe **î**le [ile] st**y**le
u, û	[y]：舌先は [i] を発音する時のように歯茎につけ，唇は [u] を発音する時のように丸めて十分に前に突き出す．	t**u**lipe men**u** H**u**go p**u**blic fl**û**te [flute]
oi	[wa]：日本語の [ォア] とほぼ同じ．[オイ] と読まないように注意．	cr**oi**ssant p**oi**son
ou	[u]：唇を丸めて十分に前に突き出す．日本語の [ウ] とは異なる．	bonj**our** am**our** c**ou**rage
eu, œu	[ø]：舌先は [e] を発音する時のように歯茎につけ，唇は [o] を発音する時のように丸めて前に突き出す． [œ]：舌先は軽く歯茎につけ，上下の唇は外側に少しそらせる． 　　1）語末と [z] の前→ [ø]　2）1）以外の場合→ [œ]	[ø] bl**eu** monsi**eu**r 　 b**œu**fs chant**eu**se [œ] fl**eu**r hors-d'**œu**vre 　 b**œu**f chant**eu**r
母音字＋ m(n)	鼻母音：口腔だけでなく，鼻腔にも息を送って，口腔と鼻腔の両方で音を響かせて出す．下あごを動かさないように注意．	
an, am, en, em	[ɑ̃]：[a] を発音する時のように，口を大きく縦長に開ける．	Fr**an**ce l**am**pe Prov**en**ce cam**em**bert
in, im, ein ain, aim	[ɛ̃]：[ɛ] を発音する時のように，口を少し横長に開ける． yn, ym, un, um も [ɛ̃] と発音する．	v**in** **im**portant p**ein**tre p**ain** s**ym**phonie parf**um**
on, om	[ɔ̃]：[o] を発音する時のように，唇を丸めて前に突き出す．	b**on**jour conc**om**bre
-il, -ill	ill [ij] [イユ]	trav**ail** camom**ill**e cons**eil** ju**ill**et 例外：mille [mil] ville [vil]

子音の発音と綴り字

フランス語には 17 の子音がありますが，[r] 以外は，英語や日本語の子音に似ています.

[r] の発音の仕方

舌先を下の前歯の裏につけ，舌の後ろの部分を持ち上げて，上あごの奥の部分との間に狭い通路を作ります. [r] は，その狭い通路を息が擦れながら通り抜けていく摩擦音です.

1) gare   art   amour
2) Y [igrɛk]   cargo   garage
3) radio   rose   rouge

綴り字	発 音	例
c	1) e, i, y の前 → [s] 2) それ以外 → [k]	sauce cinéma cycle café costume cuisine
ç	[s] ç は，a, o, u の前で用いる.	français garçon reçu
g	1) e, i, y の前 → [ʒ] 2) それ以外 → [g]	orange gilet gym garage gomme dégustation
gu	gu は e, i の前では [gy] ではなくて [g] と発音される.	langue guide guichet
qu	qu はふつうは [ky] ではなくて [k] と発音される.	quartier musique
s	1) 母音字＋ s ＋母音字 → [z] 2) それ以外 → [s]	Parisien désert saison salon dessert ensemble
sc	1) e, i, y の前 → [s] 2) それ以外 → [sk]	scénario science scandale muscle
ti	[ti] [ティ] か [si] [スィ]	boutique question démocratie action
x	1) e＋x＋母音字 → [gz] 2) それ以外 → [ks]	examen exercice expert taxi
h	発音しないが，語頭にある場合は，母音扱いする「無音の h」と子音扱いする「有音の h」の区別がある.	héros silhouette héroïne bonheur
重子音字	同じ子音字の組み合わせは，原則として 1 つの子音	affaire appartement
複子音字	ch [ʃ] [シュ], ph [f], rh [r], th [t], gn [ɲ] [ニュ]	rythme champagne phare
語尾の子音字	c, f, l, r の他は原則として発音しない. 発音する子音字は CaReFuL と覚えるといい.	agent français grand avec tour bœuf Eiffel

1 a

マスターしよう！
1. 自己紹介の仕方
2. 国籍を言う
3. 出身地を言う
4. 職業・身分を言う
5. 意味・言い方，綴り字
　をたずねる

会話 🔊 **4**　Dans l'avion. (1)

un avion
bonjour
dans
enchanté(*e*)

Pascal :	Bonjour, je m'appelle Pascal. Et vous, vous vous appelez comment ?
Naoko :	Je m'appelle Naoko. Enchantée !

●Grammaire 1 ・ 2 ・ 3

自己紹介

お互いに質問し，答えましょう．*Demandez à votre voisin(e).*

- **Je m'appelle**＋名前**. Et vous, vous vous appelez comment ?**
- **Je m'appelle**＋名前**. Enchanté(e).**

注意：姓と名を言う時には，名を先に！　例　Je m'appelle Takuya, Takuya KIMURA.

？ 考えてみよう！　綴り字と発音

　フランス語の発音と綴り字は密接に関係しています．発音と綴り字の関係に関する表を「する」か「しない」を入れて完成させましょう.

5つの原則	例
1　同じ綴り字，あるいは同じ綴り字の組み合わせはいつも同じように発音＿＿＿．	P*a*sc*a*l　n*a*ture　v*ou*s　bonj*ou*r
2　単独の母音字は，u 以外は，ローマ字式に発音＿＿＿．	d*a*te　p*i*pe　ph*o*to　fl*û*te [fl*û*te]
3　単独の e は，「エ」と発音＿＿＿場合と発音＿＿＿場合がある．	app*e*lle　*e*t　j*e*　at*e*lier
4　フランス語には二重母音はない．2つ以上の母音字の組み合わせもひとつの音で発音＿＿＿．	pl*a*ce　f*i*nal　st*y*le　r*o*se　bonj*ou*r　B*eau*jol*ai*s
5　語尾の子音字は，c, r, f, l 以外は，原則として発音＿＿＿．	vou*s*　appele*z*　commen*t*

ヒント：nature, date, pipe, photo, place, final, style, rose は，綴り字は英語と同じですが，発音は違っています．

会話 🔊 5

Naoko :	Vous êtes français ?
Pascal :	Oui, je suis français, et vous ?
Naoko :	Je suis japonaise !

🇫🇷 français(e)

🔘 japonais(e)

●Grammaire **2** · **4**

お互いに質問し，答えましょう． *Demandez à votre voisin(e).*

— **Je suis** + 国籍**, et vous ?**
— **Je suis** + 国籍**.**

— **Vous êtes** + 国籍 **?**
— **Oui / Non, je suis** + 国籍**.**

国籍を
たずねる

Exercice 1. 例にならって，話題になっている人の国籍を聞いて答えなさい．
Réalisez des phrases selon le modèle.

例 1 *Vous êtes / Tu es* français, *Tom ?* – Non, je suis *canadien.*

例 2 *Tom* est français ? – Non, *il* est *canadien.*

活用 🔊 6

	être である
単 1	je **suis**
単 2	tu **es**
単 3	il/elle/on **est**
複 2	vous **êtes**

1 Tom, *canadien* 🇨🇦
2 Diana, *américain* 🇺🇸
3 Diego, *mexicain* 🇲🇽
4 Monica, *brésilien* 🇧🇷
5 Juan, *espagnol* 🇪🇸
6 George, *anglais* 🏴󠁧󠁢󠁥󠁮󠁧󠁿

7 Ingrid (女), *allemand* 🇩🇪
8 Marco, *italien* 🇮🇹
9 Natasha, *russe* 🇷🇺
10 Yun-Jung (女), *coréen* 🇰🇷
11 Sai (女), *chinois* 🇨🇳
12 Ganesh (男), *indien* 🇮🇳

13 Ahn (女), *vietnamien* ⭐
14 Brad, *australien* 🇦🇺
15 Farid, *algérien* 🇩🇿
16 Samir (男), *libanais* 🇱🇧
17 Désiré (男), *ivoirien* 🇨🇮
18 Hélène (女), *congolais*

Exercice 2. 上のリストを見てフランス語ができるのはどこの国の人か答えなさい．
En utilisant la liste ci-dessus, devinez quelles sont les nationalités francophones.

❓ 考えてみよう！ **語順と名詞と形容詞の性**

フランス語と英語の文をよく見てください．何が同じで，何が異なっているのでしょうか．

フランス語		英語	
男性	女性	男性	女性
Je suis japonais.	Je suis japonaise.	I am Japanese.	
Vous êtes japonais ?	Vous êtes japonaise ?	You are Japanese ?	
Je suis étudiant.	Je suis étudiante.	I am a student.	
Vous êtes étudiant ?	Vous êtes étudiante ?	You are a student ?	

会話 🔊 **7**

bonjour	Naoko :	Je suis de Tokyo. Et vous ?
dans		
enchanté(*e*)	Pascal :	Moi ? Je suis de Paris.

●Grammaire **2**

**出身地を
たずねる**

お互いに質問し，答えましょう． *Demandez à votre voisin(e).*

– **Vous êtes d'où ?**
– **Je suis de + 出身地. Et vous ?**

Exercice 3.　例にならって，話題になっている人の出身地と職業を聞きなさい．
　　　　　　Réalisez des phrases selon le modèle.

例 *Nicolas* est d'où ?　– *Il* est de *Strasbourg. Il* est *serveur*.

＊職業は 11 ページを参照．

活用 🔊 **8**

	faire する
単1	je fai**s**
単2	tu fai**s**
単3	il/elle/on fai**t**
複2	vous fait**es**

会話 🔊 **9**

une économie	Naoko :	Qu'est-ce que vous faites dans la vie ?
un(e) étudiant(*e*)		
dans la vie	Pascal :	Je suis étudiant en économie, et vous ?
moi aussi		
	Naoko :	Oh ! Moi aussi !

●Grammaire **2** ・ **4**

**職業・専門を
たずねる**

お互いに質問し，答えましょう．
Demandez à votre voisin(e).

– **Qu'est-ce que vous faites dans la vie ?**
– **Je suis étudiant(e) en + 専門分野.**

droit	法学
économie	経済学
histoire	歴史
littérature	文学
médecine	医学
sciences humaines	人文科学
psychologie	心理学
sciences politiques	政治学
sociologie	社会学

練習 🔊 10 **Alphabet** アルファベット

アルファベットをよく聞き，自分で言えるように覚えてください．そして，11頁の職業のスペルを言ってみましょう．*Écoutez et retenez l'alphabet. Puis épelez des noms de métiers de la page 11.*

A	B	C	D	E	F	G	H	I	J	K	L	M
N	O	P	Q	R	S	T	U	V	W	X	Y	Z

é : « e » accent aigu **è** : « e » accent grave **ë** : « e » tréma **ô** : « o » accent circonflexe

ç : « c » cédille **'** : apostrophe **-** : trait d'union **L** : « l » majuscule

l : « l » minuscule **-nn** : deux (=2) « n »

Attention ! **la vie** : « l » « a » plus loin « v » « i » « e »

会話 🔊 11 **Dans l'avion. (2)**

<table>
<tr><td>comment
d'accord
en français
excusez-moi
une hôtesse de l'air
je comprends...
mais
merci (beaucoup)
une nationalité
un nom
un prénom</td><td>

la passagère : **Excusez-moi, monsieur.**

le steward : **Oui, mademoiselle.**

la passagère : **Je comprends « nom » et « prénom », mais qu'est-ce que ça veut dire « nationalité » ?**

le steward : **Ça veut dire « *kokuseki* ».**

la passagère : **Ah, d'accord. Merci beaucoup.**

      ...

la passagère : **Comment on dit « *nihonjin* » en français ?**

le steward : **On dit « japonaise ».**

la passagère : **Comment ça s'écrit ?**

le steward : **Ça s'écrit « J-A-P-O-N-A-I-S-E ».**

la passagère : **Merci monsieur.**

</td></tr>
</table>

●Grammaire **2・3・4**

– **Qu'est-ce que ça veut dire « ... » ?** – **Ça veut dire « ... ».**

– **Comment on dit « ... » en français ?** – **On dit « ... »** .

– **Vous pouvez épeler ?** ou **Comment ça s'écrit ?** – **Ça s'écrit « ... »** .

意味
言い方
スペル

Exercice 4. 例にならって文を作りなさい．*Faites comme dans l'exemple.*

例 職業

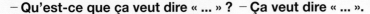

→1 Comment on dit « 職業 » en français ? – On dit « *profession* ».

→2 Comment ça s'écrit « *profession* » ? – Ça s'écrit « P-R-O-F-E-S-S-I-O-N ».

a. 日本人   c. 学生   e. ファースト・ネーム

b. こんにちは   d. 名前   f. ありがとう

Civilisation

Exercice 5. ナント大学（フランス）のスポーツ部活登録書に下記の情報を書いてみましょう. *Complétez.*

FÉDÉRATION FRANÇAISE DU SPORT UNIVERSITAIRE
Fiche individuelle d'inscription

ACADÉMIE de : **NANTES**   Association sportive : **A S U N**

Établissement :

Nom :	Prénom :
Sexe (M/F)	Date de naissance :
Adresse :	
Code postal :	VILLE :
Téléphone :	E-mail :

Faculté	Droit / Sciences Po	Sciences / Techniques
	Sciences / Eco / Gestion	Langues
	Lettres / Sc Humaines	Médecine / Santé
Métiers du Sport (STAPS)	Commerce	Enseignement

ANNÉE D'ÉTUDES 1 2 3 4 5 6	SPORT

Date :   Signature :

Exercice 6. 登録書を使いクラスの人に質問しなさい. *Interrogez une personne dans la classe.*

練習 🔊 12   ## Salutations　あいさつ

	出会いのあいさつ	別れのあいさつ
☀ Bonjour	(monsieur/madame/mademoiselle).	Au revoir (monsieur/madame). À bientôt. またね！
☾ Bonsoir		À la semaine prochaine.　また来週！

	すみません.	礼を言う
Excusez-moi Pardon	(monsieur/madame/mademoiselle).	Merci (monsieur/madame).

お元気ですか？	－	元気です.		＋
Comment allez-vous ?	Comme ci comme ça.	Ça va.	Je vais bien, merci.	Très bien, merci.

Les métiers　職業

 un acteur / *une* actrice
俳優/女優

 un(e) animateur*(-trice)*
アナウンサー

 un(e) architecte
建築家

 un(e) artiste
芸術家・画家

 un(e) avocat*(e)*
弁護士

 un(e) banquier*(-quière)*
銀行家

 un(e) chanteur*(-euse)*
歌手

 un(e) chef de cuisine
料理長・シェフ

 un(e) coiffeur*(-euse)*
理髪師・美容師

 un(e) docteur*(e)* = *un(e)* médecin
医者

 un(e) écrivain*(e)*
作家

 un(e) employé*(e)*
会社員

 un(e) étudiant*(e)*
学生

 un(e) esthéticien*(ne)*
エステティシャン

 un homme/*une* femme d'affaires
実業家

 un steward / *une* hôtesse de l'air
フライトアテンダント

 un(e) infirmier*(-ière)*
看護師

 un(e) informaticien*(ne)*
情報処理技術者

 un homme au foyer / *une* femme au foyer
主婦/主夫

 *un(e)* fonctionnaire
公務員

 un(e) journaliste
ジャーナリスト

 un(e) musicien*(ne)*
音楽家

 un(e) politicien*(ne)*
政治家

 un(e) professeur*(e)*
先生

 un(e) secrétaire
秘書

 un(e) serveur*(-euse)*
ウエーター/ウエートレス

 un(e) dentiste
歯医者

 *un(e)* vendeur*(-euse)*
店員

 un(e) P.-D.G.
社長

 un(e) chômeur*(-euse)* / sans travail

Grammaire
文法

ポイント　1　フランス語の語順は，英語の語順と似ている.「主語＋動詞＋〜」

● 主語人称代名詞（1）単数

私は〜	je ...
きみは〜	tu ...
あなたは〜	vous ...
彼（彼女）は〜	il (elle) ...

フランス語の語順は，英語と似ている. 動詞の前に主語，動詞の後に目的語や補語が来る.

＊親しい人（友達，家族）には tu を，親しくない人には vous を使う.

ポイント　2　動詞は主語に応じて形が変化する.

● 動詞の活用

🔊 **13**

	s'appeler …という名前です	être …である	faire する	aller bien 元気である
je	m'appelle	suis	fais	vais bien
tu	t'appelles	es	fais	vas bien
il / elle	s'appelle	est	fait	va bien
vous	vous appelez	êtes	faites	allez bien

動詞の形は，主語の人称（「私」,「あなた」など）や数（単数・複数）によって変化する. これを「活用」と呼ぶ.

動詞は,「規則動詞」（s'appeler, etc.）と「不規則動詞」（être, faire, etc.）に分けることができる.

ポイント　3　母音で始まる単語の前では母音字（e, a, i）を省略する.

● エリズィオン

de (je, me, te, se, ce, ne, le, la, que, si) ＋ '
＋母音で始まる単語

Je mȩ appelle. → Je m'appelle.
Il est dȩ où ? → Il est d'où ?
Ça sȩ écrit «...». → Ça s'écrit «...».

ポイント　4　名詞には文法上の「性」があり，男性名詞と女性名詞に分かれている. 人を表す名詞（形容詞）には男性形と女性形とがある.

● 名詞の性

1）女性名詞：語尾が e で終わっている
2）男性名詞：語尾が e 以外で終わっている

1) valise, carte, France, littérature
2) sac, billet, Japon, cinéma

　＊この規則には例外がある：verre, Mexique → 男性名詞；profession, sœur → 女性名詞

● 人を表す名詞（形容詞）の男性形と女性形

男性形＋ e ＝ 女性形　　　étudiant / étudiante　　　japonais / japonaise

その他の形

男性形	女性形	例	
男性形 ＝ 女性形		médecin	＝ médecin
- e ＝ - e		Belge	＝ Belge
- er	- ère	infirmier	infirmière
- eur / eux	- euse	vendeur	vendeuse
- (i)en	- (i)enne	canadien	canadienne

人の職業，身分，国籍を表す時，男性には男性形を，女性には女性形を用いる.

★一般に - teur → - trice
　acteur → actrice
　しかし chanteur → chanteuse

Exercice 1 主語人称代名詞を用いて文を完成させなさい.
Complétez les phrases avec un pronom personnel sujet.

1. Comment .... vous appelez ? — .... m'appelle Marie.
2. Fabien, ... es de Lille ? — Non, ... suis de Lyon.
3. Et Georges, qu'est-ce qu' .... fait dans la vie ? — .... est professeur d'anglais.
4. Qu'est-ce que .... faites dans la vie ? — .... suis médecin.
5. Virginie est journaliste, et toi, qu'est-ce que .... fais dans la vie ? — .... suis secrétaire.
6. Natsumi est coréenne ? — Non, ... est japonaise.

Exercice 2 主語に合わせて, 動詞を活用させなさい.
Complétez les phrases en conjuguant avec le verbe qui convient.

1. Qu'est-ce que monsieur Leblanc .... dans la vie ?
2. Excusez-moi, madame, vous .... française ?
3. Je .... américain, et Sofia .... italienne.
4. Tu .... belge ou français ?
5. Je .... Paul, et vous, vous vous .... comment ?
6. Je .... bien, et vous, comment .... -vous ?

Exercice 3 エリズィオンのルールに基づいて, カッコの中の単語を書き直しなさい.
Complétez les phrases en utilisant l'élision.

— Je *(me)* .... appelle Flora. Et toi, tu *(te)* .... appelles comment ?
— Moi, *(ce)* .... est Marc. Je suis de Bordeaux, et toi, tu es *(de)* .... où ?
— Je suis de Strasbourg.
— Strasbourg ? Pardon, comment ça *(se)* .... écrit, *(si)* .... il te plaît ?

Exercice 4a 次の文の主語は男性か女性か当ててみましょう.
Dites si les sujets de ces phrases sont au masculin ou au féminin.

1. Claire est française.
2. Je m'appelle Antoine.
3. Je ne suis pas italien, mais Maria est italienne.
4. Vous êtes dentiste, Paule ?
5. François est suisse.
6. Claude est infirmière.
7. Charles est chanteur.
8. Michèle et Martine sont vendeuses.

Exercice 4b 主語に合わせて, 国籍・職業の形を完成させなさい. *Complétez les phrases.*

1. Monica est italien ....
2. Paul est américain ....
3. Martin est suisse ....
4. Maria est espagnol ....
5. Masako est boulanger ....
6. Tadashi est avocat ....
7. Keiko est professeur ....
8. Madame Legrand est directeur ....

2 **a**

マスターしよう！

1. 依頼の仕方
2. どこに住んでいるかを言う
3. 話せる言語を言う
4. 所持品を言う
5. 旅行の目的を言う
6. 職業を言う

会話 🔊 **14**　À la police aux frontières.

c'est bon	Takuya :	Bonsoir, madame.
une douane	la policière :	Votre passeport, s'il vous plaît [plait].
mais	Takuya :	Voilà.
un passeport	la policière :	Merci... Vous êtes japonais ?
passez	Takuya :	Oui, je suis de Tokyo...
voilà	la policière :	C'est bon, passez !
votre		

〜を
お願いします

.... , s'il vous plaît.

Exercice 1.　次の物を頼んでみましょう.　*Demandez : « ... » , s'il vous plait [plait] !*

1. votre passeport
　パスポート

2. un thé
　紅茶

3. un café
　コーヒー

4. une aspirine
　アスピリン

5. un verre d'eau
　水

6. une couverture
　毛布

　考えてみよう！　**不定冠詞**

un，une，des は不定冠詞です．なぜ３つあるのでしょうか．

	verre			bouteille			pots
un	café		**une**	couverture		**des**	écouteurs
	billet			carte			feuilles

ヒント：まず英語を標準にして他の外国語を見ないようにしよう．英語は単に外国語のひとつにすぎない！

会話 🔊 **15**　À la douane.

la douanière :	Vous parlez français ?
Takuya :	Oui, je parle un peu français.
la douanière :	Vous venez d'où ?
Takuya :	Je viens du Japon.
la douanière :	Vous habitez où ?
Takuya :	J'habite à Tokyo.
la douanière :	Vous avez quelque chose à déclarer ?

avoir
habiter
parler
quelque chose à déclarer
rien
un peu
venir

● Grammaire **3** · **4**

お互いに質問し，答えましょう. *Demandez à votre voisin(e).*
- **Vous habitez où ?**
- **J'habite en/à/au/aux ＋国名.**

住んでいる
国

- **Vous parlez anglais ?**
- **Je parle (un peu) ＋言語.**

しゃべれる
言語

Exercice 2.　例にならって，どこの国でその言語が話されているかを聞きなさ
　　　　　　い. *Réalisez des phrases selon le modèle.*

例 japonais ?　　Japon
→ Où est-ce qu'on parle *japonais* ?
　　または On parle quelle langue *au Japon* ?
　　— On parle *japonais au Japon*.

1. espagnol ?　　Espagne, Mexique et Argentine
2. chinois ?　　　Chine et Taïwan.
3. français ?　　　France, Belgique, Québec, etc.
4. anglais ?　　　Angleterre, Canada, États-Unis, etc.

l'Angleterre
le Canada
la Chine
l'Espagne
les États-Unis
la France
l'Italie
le Japon
Taïwan

?　考えてみよう！　**前置詞＋国名**

　例文を見てください. 何が違いますか. なぜでしょうか.
au ＋ .... → J'habite au Japon. Luc habite au Liban, Pedro au Mexique.
aux ＋ .... → J'habite aux États-Unis. Mike habite aux Philippines.
en ＋ .... → J'habite en France, mais Hans habite en Allemagne.
ヒント：国名にも男性と女性，単数と複数があります. 男性名詞か女性名詞かは語尾の綴り字を見れば
　　　　だいたいわかります.

会話 🔊 16

petit(e)	la douanière :	Vous avez une valise ?
un sac	Takuya :	Oui, et j'ai un petit sac aussi.
une valise	la douanière :	Ouvrez votre valise, s'il vous plaît [plait].
ouvrez...	Takuya :	Un instant... Voilà.
Un instant.		

● Grammaire 1・2

活用 🔊 17

持っているか、
いないか

お互いに質問し，答えましょう．*Demandez à votre voisin(e).*

− **Vous avez *un/une/des* ＋名詞 ?**
− **Oui, j'ai *un/une/des* ＋名詞.** ≠ **Non, je n'ai pas de ＋名詞.**

	avoir 持っている
単1	j' **ai**
単2	tu **as**
単3	il/elle/on **a**
複2	vous **avez**

1. un passeport
パスポート

2. un appareil photo
カメラ

3. un journal
新聞

4. un visa
ビザ

5. une tablette /un iPad
タブレット

会話 🔊 18

avec	la douanière :	Vous voyagez seul ?
un(e) ami(e)	Takuya :	Non, je suis avec un ami.
pour	la douanière :	Pourquoi est-ce que vous venez à Paris ?
pourquoi	Takuya :	Je viens pour les vacances.
seul(e)		
les vacances		
voyager		

● Grammaire 4

目的を言う

旅行の目的を言ってみましょう．
Demandez à votre voisin(e).

− **Pourquoi est-ce que vous venez à ＋場所 ?**
− **Je viens pour ＋目的.**

affaires	商用・ビジネス
étudier	学ぶ
un séjour linguistique	語学研修
un stage	研修
les vacances	休暇，休み

? *考えてみよう！* 　**肯定文と否定文**

例文を見てください．肯定文と否定文とではどこが違うでしょうか．

肯定文		否定文
J'ai un appareil photo.	→	Je n'ai pas d'appareil photo.
Vous avez un passeport ?	→	Vous n'avez pas de passeport ?

練習 🔊 **19**   # De 0 à 10   0〜10まで数える

数字をよく聞き，自分で言えるように覚えてください．そして，隣の人とディクテーションをやってみましょう． *Écoutez et retenez ces chiffres, puis dictez-les à votre voisin(e).*

0	1	2	3	4	5	6	7	8	9	10
zéro	un	deux	trois	quatre	cinq	six	sept	huit	neuf	dix

活用 🔊 **20**

	venir 来る
単1	je **viens**
単2	tu **viens**
単3	il/elle/on **vient**
複2	vous **venez**

bien
dans
un journal
la mode
un photographe
quoi
travailler
la vie

会話 🔊 **21**   Dans le taxi.

Natsumi :	À Saint-Michel, s'il vous plaît !
le chauffeur :	Très bien, madame.

…

le chauffeur :	Qu'est-ce que vous faites dans la vie ?
Natsumi :	Je suis photographe... Je viens pour le travail.
le chauffeur :	Vous travaillez dans un journal ?
Natsumi :	Non, je travaille dans la mode.

●Grammaire 1・4

お互いに質問し，答えましょう． *Demandez à votre voisin(e).*

– **Qu'est-ce que vous faites dans la vie ?**

– **J'étudie le/la/l' + 専門分野 à l'université + 大学名.** （専攻分野は8頁を参照.）

   ou **Je suis + 職業.**   ou **Je travaille dans le/la/l' + 専門分野.**

> 職業は
> 何か

活用 🔊 **22**

	travailler 働く
単1	je travaill**e**
単2	tu travaill**es**
単3	il/elle/on travaill**e**
複2	vous travaill**ez**

*l'*enseignement
教育

*l'*informatique
情報処理技術

le journalisme
ジャーナリズム

la mode
ファッション

la police
警察

la publicité
広告

la restauration
レストラン業

la santé
医療

les sciences
科学・理系

le tourisme
観光

La République Française
フランス共和国

Exercice 3. 地図に書いてみましょう. *Placez sur la carte.*

1 国 Les pays

L'Allemagne, Andorre, la Belgique, l'Espagne, l'Italie, le Luxembourg, Monaco, le Royaume-Uni et la Suisse.

2 都市 Les villes

Bordeaux, Dijon, Lille, Lyon, Marseille, Nice, Orléans, Paris, Strasbourg et Toulouse.

3 河川と島 Les fleuves et îles [iles]

La Corse, la Garonne, la Loire, le Rhône et la Seine.

Exercice 4. 例にならって, 以下のリストを使い, 言葉と写真を結びましょう.

Faites comme dans l'exemple en choisissant un mot de la liste ci-dessous.

le TGV   le vin   l'Airbus A380   le pain   le fromage

例 Qu'est-ce que c'est « *le pain* »?   →   C'est (la photo) *A*.

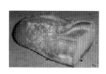

A   B   C   D   E

Exercice 5. 書いてみましょう. *Remplissez.*

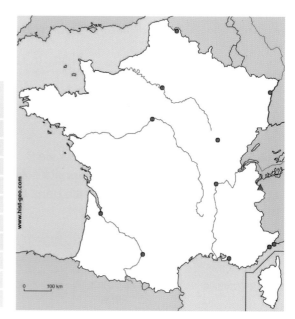

知るべきこと À savoir		
首都		
面積		
本土	... régions (地域圏)	
	... départements (県)	
人口		
大統領		
通貨		
世界遺産	1.	
	2.	
	3.	

Vocabulaire
語彙

Les pays et les nationalités　国と国籍

活用 🔊 **23**

知っているか
をたずねる

– **Vous connaissez « ... » ?**
– **Oui, je connais « ... »** . **C'est...**
　ou **Non, je ne connais pas.**

connaître [connaitre] 知っている	
単1	je connais
単2	tu connais
単3	il/elle/on connaît [connait]
複2	vous connaissez

Exercice 6　例にならって，以下の人物について隣の人と会話しなさい.
Demandez ou présentez à votre voisin(e) les personnages ci-dessous.

例 Vous connaissez *Aoi KATO* ?

→　Oui, *elle est japonaise. Elle parle japonais. Elle habite au Japon, à Tokyo.*
　　Elle habite dans un appartement. Elle est femme au foyer.

1
- Aoi KATO
- japonaise
- Tokyo, le Japon
- dans un appartement
  アパルトマンに
- femme au foyer

5
- Marc LEPAGE
- français
- Paris, la France
- dans un studio
  ワンルームマンションに
- étudiant

2
- Kim Li Sung
- coréenne
- Séoul, la Corée
- dans une maison
  一戸建てに
- professeur

6
- Jean MARTIN
- canadien
- Québec, le Canada
- près du château Frontenac
  シャトー・フロンテナックの近くに
- sans profession　無職

3
- Shu LI
- chinoise
- Shanghai, la Chine
- avec ses parents
  両親と一緒に
- serveuse

7
- John CAMPBELL
- américain
- New York, les États-Unis
- avec sa famille
  家族と一緒に
- homme d'affaires

4
- Monica BELLA
- italienne
- Rome, l'Italie (女)
- dans une villa
  邸宅に
- mariée
- actrice

8
- Harry MAJOR
- anglais
- Londres, l'Angleterre (女)
- loin de Big Ben
  ビッグベンから離れたところに
- célibataire
- employé

Grammaire
文法

ポイント　1　不定冠詞と定冠詞は，名詞の性と数によって異なる.
● 冠　詞

不定冠詞	定冠詞	
un	le	＋男性単数名詞
une	la	＋女性単数名詞
des	les	＋複数名詞

un sac, le Japon, le droit
une valise, la France, la littérature
des bagages, les États-Unis, les sciences
注意：un livre ; le livre de Pierre

le, la は，母音，無音の h で始まる単語の前ではエリズィオンして，l' になる：l'anglais ; l'école ; l'histoire ; l'homme. 有音の h の場合はそのまま：le hall ; la hache.

ポイント　2　否定文は動詞を ne と pas ではさんで作る.
● 否定文

ne / n'＋動詞＋**pas**

Je suis japonais. → Je **ne** suis **pas** japonais.
Le monsieur est japonais. → Le monsieur **n'**est **pas** japonais.

● 否定文中の冠詞

否定文中で，**直接目的語**についている**不定冠詞**は **de** になる.

＊直接目的語とは，être 以外の動詞のすぐ後に来る名詞句のこと.
Je cherche *une* vendeuse（直接目的語）. → Je ne cherche pas *de* vendeuse.
Je parle à *une* vendeuse（間接目的語）. → Je ne parle pas à une vendeuse.
注意：C'est *une* vendeuse（補語）. → Ce n'est pas une vendeuse.

ポイント　3　国名につける前置詞は，国名の性と数によって異なる.
● 前置詞と定冠詞の縮約

～へ / に / で	～から / の	
en	de / d'	＋女性単数の国名か 母音で始まる男性単数の国名
au	du	＋子音で始まる男性単数の国名
aux	des	＋複数の国名
à	de / d'	＋いくつかの国名や都市名

en France, en Irak / de France, d'Irak
au Japon, du Japon
aux États-Unis, des États-Unis
à Chypre, à Arles / de Chypre, d'Arles

＊前置詞 à ＋定冠詞 le → au　　前置詞 à ＋定冠詞 les → aux
＊前置詞 de ＋定冠詞 le → du　　前置詞 de ＋定冠詞 les → des

ポイント　4　ER 規則動詞の活用は，不定詞の -er を取って，-e, -es, -e, -ons, -ez, -ent をつける.
● ER 規則動詞の活用形 habiter　🔊 24

j'	habite	nous	habitons
tu	habites	vous	habitez
il / elle / on	habite	ils / elles	habitent

活用語尾の発音
je	-e [発音しない]	nous	-ons [ɔ̃]
tu	-es [発音しない]	vous	-ez [e]
il/elle/on	-e [発音しない]	ils/elles	-ent [発音しない]

＊フランス語の動詞の 90％以上がこの ER 規則動詞.
＊on は口語において nous と同じ意味になるが，動詞は 3 人称単数のまま.

冠詞を使って文を完成させなさい．必要ではない場合には「×」を書きなさい．
Complétez avec un article défini ou indéfini, si nécessaire.

1. Michel parle bien ---------- anglais. Il étudie ---------- anglais à ---------- université. Marie aussi est en ---------- anglais.
2. Vous avez ---------- valise, monsieur ? — Oui. Et j'ai aussi ---------- affaires de mes enfants.
3. Tu connais Steven Spielberg ? — Oui, bien sûr, c'est ---------- réalisateur américain ! C'est ---------- réalisateur de Jurassic Park.
4. Vous connaissez ---------- musée du Louvre ? — Oui, bien sûr, c'est ---------- musée, à Paris.
5. Je connais bien ---------- Chine, mais je connais mal ---------- Vietnam.
6. Marie travaille dans ---------- tourisme. Elle est ---------- belge. Elle est ---------- guide pour ---------- touristes japonais.

Exercice 2 否定形を使って，質問に答えなさい．*Répondez à la forme négative.*

1. Vous parlez français ?
2. Vous travaillez dans l'informatique ?
3. Tu as des amis étrangers ?
4. Vous connaissez les Champs-Élysées ?
5. Vous avez un téléphone portable ?
6. C'est un manuel de français ?
7. Tu as le permis de conduire ?
8. Tu connais un étudiant étranger ?

Exercice 3 前置詞を使って，文を完成させなさい（場合によっては，答えは複数あります）．
Complétez avec la bonne préposition de lieu. (plusieurs réponses possibles)

1. Tatiana est ---------- Russie. Elle vient étudier ---------- Allemagne.
2. Marco est ---------- Italie. Il habite ---------- Italie.
3. Florent est ---------- États-Unis. Il n'habite pas ---------- États-Unis, mais il habite ---------- Mexique.
4. Leila vient ---------- Liban, mais elle habite ---------- France.
5. Jérémy va ---------- Angleterre pour le travail.
6. Je vais ---------- Japon, ---------- Taïwan, ---------- Thaïlande et ---------- Chine pour les vacances.

Exercice 4 動詞を活用させなさい．*Conjuguez au présent de l'indicatif.*

1. Elle *(étudier)* ---------------- l'anglais à l'université, mais elle *(parler)* ---------------- mal anglais !
2. Tu *(avoir)* ---------------- un sac Vuitton avec toi ? — Oui, je *(voyager)* ---------------- toujours avec.
3. Vous *(travailler)* ---------------- dans la mode ? — Oui, je *(être)* ---------------- journaliste de mode.
4. Laura *(venir)* ---------------- d'Italie, mais elle n' *(habiter)* ---------------- pas en Italie.
5. Je *(ne pas écouter)* ---------------- les informations à la télévision. Je *(regarder)* ---------------- plutôt sur internet. Parfois, j'*(allumer)* ---------------- la radio aussi et j'*(écouter)* ---------------- alors les flashs info.
6. J'*(aimer)* ---------------- bien Louane. Elle *(chanter)* ---------------- très bien !

マスターしよう！

1. どこの特産品なのか話す
2. 住んでいる場所について
　話す
3. 家族について話す
4. 予定をたずねる

会話 🔊 25　Chez sa famille d'accueil.

j' → je	
c' → ce	
ai → avoir	
est → être	
bienvenue	
de rien	
une famille d'accueil	
gentil	

la dame :	Bienvenue, Maiko.
Maiko :	Merci madame... J'ai un cadeau pour vous.
la dame :	Oh ! Qu'est-ce que c'est ? ... Une spécialité du Japon ? Merci Maiko, c'est très gentil.
Maiko :	De rien, madame.

●Grammaire 1

どこの特産品
なのか話す

- **C'est une spécialité de quel pays ?**
- **C'est une spécialité du/de/des** + 地名. ou **Ça vient du/de/des** + 地名.

Exercice 1.　例にならってどこの特産品なのかを聞きなさい. *Faites comme dans l'exemple.*

例 le kimchi / la Corée → *Le kimchi*, c'est une spécialité de quel pays ?

— C'est une spécialité de Corée / Ça vient de Corée.

1. le tofu / le Japon
2. la paëlla / l'Espagne
3. la quiche lorraine / la France
4. le hamburger / les États-Unis

Exercice 2.　例にならって出身地の名物について話しましょう. *Discutez selon le modèle.*

例 Vous venez d'où ? – Je viens de *Kobe*.

Quelle est la spécialité de *Kobe*? – La spécialité de *Kobe*, c'est...

? 考えてみよう！　疑問形容詞 quel と quelle の使い分け

quel, quelle は英語の what に相当する疑問形容詞です. quel と quelle はどのように使い分けられているでしょうか.

C'est une spécialité de quel pays ?　　　C'est une spécialité de quelle région ?

Quel est le problème ?　　　　　　　　Quelle est la solution ?

会話 🔊 **26** **Dans le salon. (1)**

Maiko :	Voici une photo de mes parents. Ici, c'est mon père, Hirofumi, et là, ma mère, Takako.
la dame :	Tu habites avec tes parents ?
Maiko :	Non, ils habitent à Yokohama, près de Tokyo. Et moi, j'habite à Saitama, dans le nord de Tokyo.
	...
la dame :	Qu'est-ce que tes parents font dans la vie ?
Maiko :	Ils sont fonctionnaires.

est, sont → être
font → faire
habite, habites, habitent
　→ habiter

et moi, je ...
ici ... et là ...
qu'est-ce que ...
près de ...
voici ...

●Grammaire **4**

お互いに質問し，答えましょう． *Demandez à votre voisin(e).*

住んでいる
場所について
話す

- **Vous habitez où ?** ou **Tu habites où ?**
- **J'habite** *près / loin* **de** + 地名.
　　　　dans la banlieue de + 地名.
　　　　dans *le nord / le sud / l'est / l'ouest* **de** + 地名.
　　　　au nord / au sud / à l'est / à l'ouest de + 地名.

Exercice 3. お互いに質問し，答えましょう.
Demandez à votre voisin(e).

Vous habitez où ?

Vous habitez avec vos parents ?
Vous habitez seul(e) ou avec votre famille ?

Vous habitez dans une maison
ou dans un appartement ?

方　角	
l'est	東
l'ouest	西
le sud	南
le nord	北

場所の前置詞	
dans ...	〜（の中）に
près de ...	〜の近くに
loin de ...	〜から遠いところに

? 考えてみよう！ **リエゾン　Liaison**

　文の中で，1つ目の単語が発音されない子音字で終わっていて，次の単語が母音で始まっている時，この子音字を発音して母音とつなげることがあります．これを「リエゾン」といいます．次の単語の組み合わせのなかで，リエゾンするのはどれでしょうか．

tu habites　　vous habitez　　ils habitent　　elles habitent
tu es　　vous êtes　　ils sont　　elles sont
dans une maison　　dans la maison　　dans un appartement　　dans les appartements

3 b

会話 🔊 27 **Dans le salon. (2)**

la dame :	Tu as des frères et sœurs, Maiko ?
Maiko :	Oui, j'ai une grande sœur et un petit frère.
la dame :	Ils s'appellent comment ?
Maiko :	Ma sœur s'appelle Masako et mon frère, Tomoyuki.
la dame :	Ils sont étudiants eux aussi ?
Maiko :	Ma sœur est étudiante, mais mon frère est encore lycéen.

encore
eux aussi
un frère
grand*(e)*
un(e) lycéen*(ne)*
petit*(e)*
une sœur

●Grammaire **2・4**

家族について
話す

お互いに家族のメンバーを紹介しましょう. *Présentez votre famille.*

Mon *frère/père/grand-père* s'appelle... il est... il habite...
Ma *sœur/mère/grand-mère* s'appelle... elle est... elle habite...

Exercice 4.　所有形容詞を使って，次の文を完成させなさい.
Complétez avec des adjectifs possessifs.

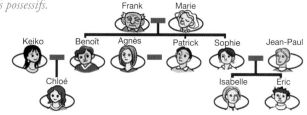

活用 🔊 28

	aimer 好きだ
単1	j'aim**e**
単2	tu aim**es**
単3	il/elle/on aim**e**
複2	vous aim**ez**
複3	ils/elles aim**ent**

Attention ! Vous êtes Patrick.

Voici ma famille. .... sœur s'appelle Sophie. Elle habite à Berlin
avec .... mari. .... frère s'appelle Benoît. Il habite au Japon avec
.... femme japonaise. Il est employé chez Toyota.
.... femme s'appelle Agnès et .... parents, Franck et Marie.
Éric et Isabelle sont lycéens. Ils aiment beaucoup
.... grands-parents et .... cousine Chloé.

❓ 考えてみよう！　　所有形容詞

フランス語の所有形容詞は英語とどこが違いますか. なぜでしょうか.

私の	彼の	彼女の	彼らの	
mon	son	son	leur	frère
ma	sa	sa		sœur
mes	ses	ses	leurs	parents

私の	彼の	彼女の	彼らの	
				brother
my	his	her	their	sister
				parents

会話 🔊 **29** **Dans la cuisine.**

la dame :	Maiko, tu es fatiguée ?
Maiko :	Non, ça va, madame.
la dame :	Qu'est-ce que tu voudrais faire aujourd'hui ?
Maiko :	Je voudrais aller au musée.
la dame :	Et ce week-end [weekend] ?
Maiko :	J'aimerais bien faire du shopping.

aimerais → aimer
va → aller
voudrais → vouloir

fatigué(e)
ça va
faire du shopping

●Grammaire **2**

**予定を
たずねる**

次の表現を使って，お互いに質問し，答えましょう.
Demandez à votre voisin(e).

- **Qu'est-ce que *vous faites/tu fais* + 日時の表現 ?**
- **Je voudrais + 不定詞の表現.** ou **J'aimerais bien + 不定詞の表現.**

注意：一緒に行動したい時：Qu'est-ce que vous voudriez/tu voudrais faire + 日時の表現 ?

日時に関する表現：

aujourd'hui 今日　ce matin 今朝　ce midi 今日の昼　cet après-midi 今日の午後
ce soir 今晩　　demain 明日　ce week-end [weekend] 今度の週末

余暇の過ごし方に関する表現：

1. faire du shopping
   買い物する
2. me reposer
   休む
3. voir des amis
   友だちに会う
4. faire du sport
   スポーツをする
5. aller dans un bar
   バーに行く

6. aller au musée ou au cinéma
   美術館か映画館かのどちらかに行く
7. aller au restaurant
   レストランに行く
8. ne rien faire
   何もしない，ゆっくりする
9. acheter des souvenirs
   お土産を買う
10. 🐭 ---

Où habitent les Français ?

- dans une maison : 68%
- dans un appartement : 28%
- en zone urbaine : 78%
  (ville avec au moins 2 000 habitants)
- à la campagne : 22%

6% des Français aimeraient avoir une résidence secondaire. (2018)

Depuis la pandémie de covid, beaucoup de Français voudraient quitter les grandes villes et habiter à la campagne ou dans une ville moyenne.

20,5% des Français de 15 ans ou plus vivent seuls. (2018)

Sources : 7 chiffres étonnants sur les logements des Français (bfmtv.com) (2018)
　　　　　Ville, campagne, périurbain, qui vit où ? – Centre d'observation de la société (observationsociete.fr) (2013)
　　　　　Intention d'être propriétaire d'une résidence secondaire en France 2018 | Statista (2018)
　　　　　Personnes vivant seules dans leur logement selon l'âge et le sexe | Insee

Exercice 5.　例にならって，家族のメンバーの性格について話してみましょう．
　　　　　　第２課17頁の表現を使い，家族の専門分野について会話しましょう．
　　　　　　Faites comme dans l'exemple et présentez le caractère des membres de votre famille.
　　　　　　Parlez des domaines dans lesquels ils travaillent (v. p.17)

　　例 - Comment sont tes parents ? ou Comment est ton père / ta mère / ton frère / ta sœur (etc.) ?
　　　 - Mes parents sont + 形容詞 / *Mon père* est + 形容詞
　　　　Ils travaillent dans .../ *Mon père* est ...

性格・状態の形容詞	
de bonne humeur	機嫌がよい
de mauvaise humeur	機嫌が悪い
en forme	元気な
fatigué*(e)*	疲れた
gentil*(le)*	優しい
occupé*(e)*	忙しい
rigolo*(te)*	冗談が好きな
timide	内気な

あなたの.../ きみの..../ 私の...

votre/ton/mon		**votre/ta/ma**		**vos/tes/mes**
grand-père		**grand-mère**		**grands-parents**
père		**mère**		**parents**
grand frère	+	**grande sœur**	=	
petit frère		**petite sœur**		**frères et sœurs**
petit ami		**petite amie**		

La famille　家族

妻
la femme

marié*(e)*
既婚の

célibataire / seul(e)
独身の

夫
le mari

祖母
la grand-mère

祖父
le grand-père

母親
la mère

父親
le père

おば
la tante

おじ
l'oncle

従姉妹
la cousine

従兄弟
le cousin

姉妹
la sœur

兄弟
le frère

姉
**la grande sœur /
la sœur aînée
　　　[ainée]**

兄
**le grand frère /
le frère aîné
　　　　[ainé]**

妹
**la petite sœur /
la sœur cadette**

弟
**le petit frère /
le frère cadet**

彼女
la petite amie

彼氏
le petit ami

めい
la nièce

おい
le neveu

赤ちゃん
le bébé

ネコ
le chat

イヌ
le chien

祖父母
les grands-parents

両親
les parents

兄弟と姉妹
les frères et sœurs

私
moi

Grammaire
文法

ポイント　1　vous は単数「あなた」でも複数「あなたがた・きみたち」でも用いられる.

● 主語人称代名詞（2）単数人称と複数人称

私は〜	je ...	私たちは〜	nous ...
きみは〜	tu ...	あなた(がた)は〜	vous ...
彼は〜	il ...	彼らは〜	ils ...
彼女は〜	elle ...	彼女らは〜	elles ...

日常のフランス語では，nous の代わりに on がよく用いられる．意味は複数でも，on の動詞の活用形は，単数の il (elle) と同じなので注意！
On habite à Kyoto.

ポイント　2　形容詞は関係している名詞や代名詞の性と数に一致して変化する.

● 形容詞の性と数

	男性単数形
男性単数形＋e → 女性単数形	
男性単数形＋s → 男性複数形	
男性単数形＋es → 女性複数形	

un *petit* frère
une *petite* sœur
des *petits* frères
des *petites* sœurs

Je suis *grand(e)*.	Nous sommes *grand(e)s*.
Tu es *grand(e)*.	Vous êtes *grand(e)(s)*.
Il est *grand*.	Ils sont *grands*.
Elle est *grande*.	Elles sont *grandes*.

★ 男性形でも -e で終わる形容詞があるが，女性形として使っても不変：un homme mince → une femme mince. また，単数形でも -s で終わる形容詞があるが，複数形として使っても不変：un homme gros → des hommes gros

ポイント　3　フランス語の疑問形容詞，形は 4 つあるが，用法は英語と同じ.

● 疑問形容詞

	単数	複数
男性	**quel**	**quels**
女性	**quelle**	**quelles**

1）名詞を修飾する用法
　　Quelle fleur aimez-vous ? (What flower do you like ?)
2）属詞（補語）としての用法
　　Quel est votre nom ? (What is your name ?)

ポイント　4　フランス語の所有形容詞は，修飾する名詞（所有されているもの）の性数に一致する.

● 所有形容詞

	所有されているもの		
所有者	男性単数	女性単数	男・女複数
私の	**mon**	**ma**	**mes**
きみの	**ton**	**ta**	**tes**
彼（女）の	**son**	**sa**	**ses**
私たちの	**notre**		**nos**
あなたの・あなたがたの	**votre**		**vos**
彼（女）らの	**leur**		**leurs**

フランス語の所有形容詞は，修飾する名詞（所有されているもの）の性と数には一致するが，所有者の性には一致しないことに注意！

his (her) brother	*his (her) sister*
son frère	sa sœur
his (her) brothers	*his (her) sisters*
ses frères	ses sœurs

＊ 母音または無音の h で始まる女性単数名詞の前では，ma, ta, sa のかわりに mon, ton, son を用いる.
　　mon amie　ton école　son habitude

Exercice　1　次の文で使われている vous は複数形を示しているか示していないか考えてみましょう.
Dites si le sujet indiqué dans ces phrases par « vous » est un singulier ou un pluriel.

1. Vous allez en France pour étudier, mademoiselle ?
2. Les enfants, vous n'êtes pas fatigués ?
3. Qu'est-ce que vous désirez, messieurs dames !
4. Paul et Marie, vous travaillez dans le tourisme ?
5. Qu'est-ce que vous faites pour les vacances, Martine ?

Exercice　2　次の文の主語を複数形にして, 文全体を書き直しなさい.
Refaites les phrases, en mettant le sujet au pluriel.

1. Tu (*venir*) -------------- d'où ? De Lyon ?
2. Elle (*habiter*) -------------- près de Paris.
3. Je ne (*parler*) -------------- pas bien anglais.
4. Il (*voyager*) -------------- aujourd'hui.
5. Qu'est-ce qu'elle (*faire*) -------------- dans la vie ?
6. Comment tu (*aller*) -------------- ?

Exercice　3　例にならって文を作りなさい. 主語の性と数に注意しなさい.　*Faites les phrases selon le modèle.*

例：私の *mère/ s'appeler Claire // être toujours occupé* → Ma mère s'appelle Claire. Elle est toujours occupée.

1. 私の *parents / être employé // être riche et habiter dans la banlieue de Tokyo.*
2. 私の *cousine / être étudiant // être joli et intelligent // étudier l'économie.*
3. あなた（女）/ *ne pas étudier le week-end [weekend] // Mais / être toujours fatigué.*
4. あなたの *famille / habiter dans un appartement // être énergique et faire du sport le week-end*
5. 私 / *voyager en Italie, cet été // Mais /* 私の *frère / rester à la maison au Japon.*
6. あなた / *aimer bien parler au téléphone // appeler* あなたの *amis tous les jours.*

Exercice　4　疑問形容詞（quel, quelle など）を使い, 文を完成させなさい.
Complétez avec un adjectif interrogatif.

1. ---------------------- est votre nationalité ?
2. Vous habitez dans ---------------------- ville ?
3. Vous avez ---------------------- âge ?
4. ---------------------- est votre profession ?
5. ---------------------- est votre nom ? Et, ---------------------- est votre prénom ?
6. ---------------------- est ton numéro de téléphone ?

Exercice　5　son / sa / ses / leur / leurs の中から適当な所有形容詞を選んで, 文を完成させなさい.
Complétez avec un adjectif possessif.

1. La sœur de Richard est infirmière.　=　-------------- sœur est infirmière.
2. Le frère de Michel et Pauline travaille à Lyon.　=　-------------- frère travaille à Lyon.
3. Les enfants des voisins sont à l'université.　=　-------------- enfants sont à l'université.
4. Les grands-parents de Sophie habitent à Toulouse.　=　-------------- grands-parents habitent à Toulouse.
5. Le père de Marie ne travaille pas : il est chômeur.　=　-------------- père ne travaille pas : il est chômeur.
6. La mère de François est femme au foyer.　=　-------------- mère est femme au foyer.

4 a

マスターしよう！

1. 控えめに欲求を表す「〜
   が欲しいのですが」
2. 所用時間について話す
3. 依頼する「〜してくだ
   さい」
4. 会う約束をする
5. 年齢・誕生日について
   話す

会話 🔊 **31** À la gare. (1)

un aller alors arrive → arriver *une* gare *une* heure part, partez → partir vers	**Paul :** Bonjour, madame. Je voudrais trois allers pour Lyon, s'il vous plaît [plait].
	l'employée : Vous partez à quelle heure ?
	Paul : Vers 11 heures.
	l'employée : D'accord... Alors, il y a le TGV 25. Il part de Paris à 11h24 et il arrive à Lyon à 13h24.

●Grammaire 1・2

〜が欲しい
のですが…

− **Je voudrais ＋ 名詞, s'il vous plaît.**

時　間

「いま〜時（〜分）です」と言うには「Il est ... heure(s) (...)」のパターンを使う．フランス語では「分」に当たる表現は省略する．午前と午後を区別する時は，「Il est ... heure(s) (...)」の後に「du matin（午前の）」か「de l'après-midi 午後の（午後5時頃まで）」か「du soir 晩の（午後6時頃から）」をつける．

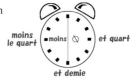

01:00 une heure	09:**30** neuf heures **et demie**
10:**15** dix heures **et quart**	12:00 midi
10:**45** onze heures **moins le quart**	24:00 minuit

? 考えてみよう！　　**人称代名詞の用法**

太字の il はそれぞれ何を指しているのでしょうか．英語の he の用法とどこが違いますか．
Mon frère s'appelle Benoît [Benoit]. **Il** habite au Japon avec sa femme japonaise.
Il y a le TGV 25. **Il** part de Paris à 11h 24 et **il** arrive à Lyon à 13h 24.

会話 🔊 **32　À la gare. (2)**

Amir :	Ça prend combien de temps de Paris à Annecy ?
l'employée :	Ça prend trois heures vingt-cinq.
Amir :	Est-ce que c'est direct ?
l'employée :	Non, il y a un changement à Lyon.
Amir :	Il faut attendre combien de temps à Lyon ?
l'employée :	Environ 20 minutes, monsieur.

attendre
ça prend...
un changement
combien de temps
de... à...
un direct
environ
il faut...

● Grammaire **2・3**

– *Ça prend / Il faut* **combien de temps (pour** + 目的の表現**) ?**
– *Ça prend / Il faut* + 時間の表現

時間がかかる

🔊 **33　1から61までの数字**   青い部分は発音しない

1 un	11 onze	21 vingt et un [vingt-et-un]	31 trente et un [trente-et-un]
2 deux	12 douze	22 vingt-deux	
3 trois	13 treize	23 vingt-trois	40 quarante
4 quatre	14 quatorze	24 vingt-quatre	41 quarante et un [quarante-et-un]
5 cinq	15 quinze	25 vingt-cinq	
6 six	16 seize	26 vingt-six	50 cinquante
7 sept	17 dix-sept	27 vingt-sept	51 cinquante et un [cinquante-et-un]
8 huit	18 dix-huit	28 vingt-huit	
9 neuf	19 dix-neuf	29 vingt-neuf	60 soixante
10 dix	20 vingt	30 trente	61 soixante et un [soixante-et-un]

?　考えてみよう！　**代名詞 il の用法**

　次の文中の il には「彼は」という意味はありません．英語の何に相当するでしょうか．

Il y a un changement à Rennes.　レンヌで乗り換えます（乗り換えがあります）．

Il faut combien de temps de Paris à Rennes ?　パリからレンヌまでどのくらい時間がかかりますか．

Il est neuf heures moins dix.　9 時 10 分前です．

会話 🔊 **34**

l'employée :	Vous voyagez en première ?
Amir :	Non, en seconde ! … Ça fait combien ?
l'employée :	Ça fait 44,10 euros. Vous payez comment ?
Amir :	Je paye par carte.
l'employée :	Bien. Veuillez taper votre code, s'il vous plaît [plait].

Ça fait … euros.
une carte
en seconde
en première
payer
taper

●Grammaire 3

～してください — **Veuillez** + 不定詞, **s'il vous plaît [plait].**

練習 🔊 **32**

Les jours de la semaine 曜日・一日

月	火	水	木	金	土	日
lundi	mardi	mercredi	jeudi	vendredi	samedi	dimanche

今朝	今日の昼	今日の午後	今晩	今度の週末
ce matin	ce midi	cet après-midi	ce soir	ce week-end

～に～で 会いましょう — **Rendez-vous (ou On va)** + 曜日 + **à** + 時刻, **au/à la/à l'** + 場所 **!**

Exercice 1. 例にならって，隣の人と会う約束をしましょう.
Invitez votre voisin(e) et/ou répondez-lui.

例 Rendez-vous *lundi* à *midi*, à *la cafétéria* ! → *Pourquoi pas* !

○ Bonne idée ! C'est d'accord ! Pourquoi pas !   × Désolé(e) (, mais je suis occupé(e)).

? **考えてみよう！** 指示代名詞の ce と ça の使い分け

ce (c') と ça は同じ意味で，英語の this (that, it) と同じ働きをします．では，ce (c') と ça はどのように使い分ければいいのでしょうか.

C'est direct.	C'est d'accord.	C'est un tarif réduit 12-25.	C'est quand ?
Ça prend trois heures.	Ça veut dire …	Ça s'écrit …	Ça fait combien ?

会話 🔊 35　**Dans le train.**

le contrôleur :	Votre billet, s'il vous plaît [plait].
Hina :	Voilà.
le contrôleur :	C'est un tarif réduit 12-25 ! Vous avez quel âge ?
Hina :	J'ai 18 ans.
le contrôleur :	Vous avez une pièce d'identité ?
Hina :	Un instant, s'il vous plaît [plait]... Tenez !

> *un* âge　　　　　*un* tarif réduit
> *un* contrôleur　　Tenez !
> *une* pièce d'identité

次の表現を使って，お互いに質問し，答えましょう.
Demandez à votre voisin(e).

- **Vous avez quel âge ?**
- **J'ai + 数 ans.**

- **Votre anniversaire, c'est quand ?**
- **Mon anniversaire, c'est le + 日・月 .**

年齢・誕生日
について話す

練習 🔊 36　　　　　Les mois　月

1月	2月	3月	4月	5月	6月
janvier	février	mars	avril	mai	juin
7月	8月	9月	10月	11月	12月
juillet	août	septembre	octobre	novembre	décembre

年　齢

- Vous avez quel âge ? = Quel âge avez-vous ?
- J'ai.........an(s).

発音： ＊2，3，6，10，11，12，13，14，15，16歳 ＝ 数 + [-zan].
　　　　＊7，8，17，18，20歳 ＝ 数 + [-tan].
　　　　＊注意：9歳 ＝ [nœvã].

J'ai trois ans.
Elle a vingt ans.
Richard a neuf ans.

Exercice 2.　所有形容詞と年齢の表現を使って，家族について質問し，答えましょう.
　　　　　　　Discutez avec votre voisin(e) sur l'âge des membres de votre famille.

　　　例 － Quel âge a *votre père* ?
　　　　　－ *Mon père* a *50* ans. Son anniversaire est le *10 mai*. Et *votre père* ?

Les Français
et les transports en commun 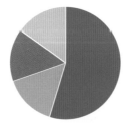 🔊 37

À quelle fréquence les Français prennent-ils les transports en commun ?

- ■ jamais ou presque : 56%
- ■ moins de 3 fois par mois : 14%
- ■ moins de 3 fois par semaine : 15%
- ■ tous les jours ou presque : 14%

Source : Utilisation des transports publics France 2018 | Statista (2018)

Quels moyens de transport les Français qui travaillent utilisent-ils le plus ?

D'après une enquête INSEE de 2017, 74% des travailleurs utilisent leur voiture pour aller au travail. Seulement 16% prennent les transports en commun tandis que 8% marchent ou vont à vélo à leur lieu de travail.

Selon cette enquête, Grenoble et Strasbourg sont les villes françaises où les gens marchent et circulent à vélo le plus pour aller travailler.

Mais ces tendances sont en train de changer à cause de la covid, surtout dans les grandes villes, d'après *Tangencielle Nord*. En effet, les gens se sentent plus en sécurité en véhicule individuel (voiture, moto) face au danger de contamination.

Source : La voiture reste majoritaire pour les déplacements domicile-travail, même pour de courtes distances - Insee Première - n. 1835

リエゾンとアンシェヌマン

リエゾン：文の中で，1つ目の単語が発音されない子音字で終わっていて，次の単語が母音で始まっている時，しばしばこの子音字を発音して母音とつなげる．

ils‿arrivent　deux‿heures　vingt‿ans

アンシェヌマン：文の中で，1つ目の単語の最後が子音で終わり，次の単語が母音で始まる時には，この子音を母音とつなげて発音する．

il‿arrive　quelle‿heure　huit‿ans

＊単独で発音する時とは異なる子音にして母音とつなげることもある．

six‿ans　neuf‿heures

Exercice 3.　上のトラック37の文章を聞き，リエゾンとアンシェヌマンをチェックしなさい．
Écoutez le texte ci-dessus et notez les liaisons et enchaînements [enchainements] dans le texte.

Vocabulaire
語彙

Les moyens de transports 交通機関

un avion
飛行機

un bus
バス

un métro
地下鉄

un shinkansen
新幹線

un taxi
タクシー

un train
電車

un tramway
路面電車

un vélo
自転車

une voiture
自動車

un aéroport
空港

un arrêt de bus
バス停

un carrefour
交差点

une gare
鉄道の駅

une station de métro
地下鉄の駅

à pied
歩いて

Les lieux de travail ou d'études 職場・学校

une grande entreprise
大企業

un bureau
会社・オフィス

une banque
銀行

une mairie
市役所

un hôpital
病院

un musée
美術館

un restaurant
レストラン

un bar
バー

un grand magasin
デパート

un magasin
=*une* boutique
店

une pâtisserie
菓子屋・ケーキ屋

une supérette
コンビニ

une usine
工場

une école primaire
小学校

un collège
中学校

un lycée
高校

une université
大学

une école du soir
塾

Grammaire
文法

ポイント　1　il (elle, ils, elles) は，人以外のものも表す名詞（句）の代わりにも用いることができる．

● 主語人称代名詞（3）人以外のものを指す用法

男性単数名詞 → il	男性複数名詞 → ils
女性単数名詞 → elle	女性複数名詞 → elles

代名詞は，名詞（句）の代わりに用いる．どの代名詞を用いるかは，代わりをする名詞の性・数によって決める．

J'ai *deux voitures japonaises. Elles* sont très fiables et peu polluantes.

ポイント　2　il は，形式上の主語としても用いることができる．

● 非人称構文

1）**il est** ＋時刻　「～時～分である」
2）**il y a ...**「～がある」
3）**il faut** ＋名詞　「～が必要である」
4）**il est** ＋形容詞＋ **de** ＋不定詞句

「彼は（それは）」という意味のない il を「非人称の il」と呼び，非人称の il を形式上の主語として持つ構文を「非人称構文」と言う．

Il n'est pas facile de vivre ensemble.

ポイント　3　指示代名詞 ce は être の主語として，ça はそれ以外の動詞の主語として用いる．

● 指示代名詞（1）　ce と ça の用法

1）話題になっている人や物を指す
2）状況や事柄を漠然と指す
3）文頭，文末に遊離されている表現を指す
4）同じ文中の不定詞句・節を指す

フランス語では，ふつうは日本語や英語のように「これは，あれは，それは」，this, that, it の区別をしない．

1) Voici une photo de mes parents. Ici, c'est mon père.
2) Merci Maiko, c'est très gentil. / Ça fait combien ? / Ça prend 10 minutes jusque chez moi.
3) Votre anniversaire, c'est quand ?　　C'est quand, votre anniversaire ?
4) Ce n'est pas facile de vivre seul.

　注意：3）と 4）の場合，文の意味を変えずに c' の代わりには非人称の il を使うこともできるが，2）の場合には不可能．1）の c' は紹介を表す役割なので，il は使えない．

ポイント　4　フランス語では，ふつうは「この，その，あの」の区別をしない．

● 指示形容詞

指示形容詞	名詞
ce (cet)	＋男性単数名詞
cette	＋女性単数名詞
ces	＋複数名詞

ce magasin　cet aéroport　cet hôpital
cette banque　cette université
ces magasins　ces aéroports　ces banques

＊cet は，母音か無音の h で始まる男性単数名詞に用いる：
　　cet enfant, cet homme

Exercice 1　表にフランス語で書き込みましょう．隣の人に家族・友人について質問し，答えましょう．
Complétez le tableau et discutez.

例 Comment s'appelle votre père ?　Il a quel âge ?　Il est de quelle région du Japon ?
　　Qu'est-ce qu'il fait dans la vie ?　Où est-ce qu'il habite ?　Il habite seul ?　など

	s'appelle ...	Il a ... ans.	Il est de＋出身地.	Il est＋職業.	Il habite à ...
Mon père					
Mon grand frère					
Mon petit frère					
Mon meilleur ami					
	s'appelle ...	Elle a ... ans.	Elle est de＋出身地.	Elle est＋職業.	Elle habite à ...
Ma mère					
Ma grande sœur					
Ma petite sœur					
Ma meilleure amie					

Exercice 2　il faut / il est / il y a の中から適当な表現を選び，文を完成させなさい．
Complétez avec l'expression qui convient.

1. ----------------------------- un train pour Fontainebleau à 21 heures.
2. ----------------------------- prendre quel bus pour aller à Pérouges ?
3. ----------------------------- difficile d'étudier les langues étrangères.
4. ----------------------------- midi et demie.
5. ----------------------------- attendre combien de temps pour le prochain train ?
6. Qu'est-ce qu'il vous ----------------------------- , monsieur ?

Exercice 3　c'/ce/ça の中から適当な指示代名詞を選んで，文を完成させなさい．
Complétez avec le mot qui convient.

1. Étudier le français, ---------- n'est pas difficile.
2. ---------- prend une heure de chez moi à l'université
3. Comment ---------- s'écrit, s'il te plaît ?
4. Ton anniversaire, ---------- est quand ?
5. Qu'est-ce que ---------- veut dire « *Comment* ---------- *va ?* » ? — ---------- veut dire « お元気ですか » .
6. ---------- fait 10 euros ? ---------- est un peu cher pour un plat du jour, je trouve !

Exercice 4　指示形容詞を使って文を完成させなさい．*Complétez avec l'adjectif démonstratif qui convient.*

1. ----------------- train est direct ?
2. ----------------- billets de kabuki sont très chers !
3. ----------------- voiture est japonaise, mais ----------------- modèle est américain.
4. ----------------- après-midi, je vais à l'université ; mais ----------------- soir, je suis libre.
5. ----------------- acteur est vraiment nul, mais ----------------- actrice est géniale !
6. ----------------- hôtel n'est pas très propre. ----------------- chambre et ----------------- draps sont sales !

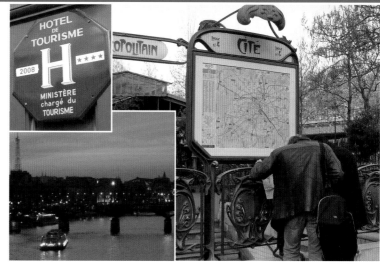

マスターしよう！

1. 道をたずねる
2. 道を教える
3. 地下鉄に乗る
4. 天気について話す
5. おすすめをたずねる

会話 🔊 **38 Demander son chemin. (1)**

bonne journée
ce n'est rien
chercher
je ne sais pas
je suis perdu(e)

Nicolas :	Excusez-moi, madame. Je suis perdu... Je cherche l'hôtel du Lion, s'il vous plaît [plait].
la dame :	Désolée. Je ne sais pas, je ne suis pas d'ici.
Nicolas :	Ce n'est rien, madame. Bonne journée !

●Grammaire 1

道を
たずねる

Je cherche le/la/l'/les + 名詞, s'il vous plaît [plait].
Où se trouve le/la/l'/les + 名詞, s'il vous plaît [plait] ?
Est-ce qu'il y a un/une/des + 名詞 près d'ici ?

Exercice 1.　右頁の地図を見て，〜がどこにあるか，お互いに質問し，答えましょう.
Regardez la carte p.39 et demandez à votre voisin(e) où est tel endroit ou répondez-lui.

例 － Où se trouve *l'hôpital* ? → *Il est rue de la paix, en face de la boulangerie.*

 à côté/près *du/de la/des* +名詞 ≠ loin *du/de la/des* + 名詞

 à droite *du/de la/des* +名詞 ≠ à gauche *du/de la/des* + 名詞

 en face *du/de la/des* + 名詞 ≠ derrière *le/la/l'/les* + 名詞

 entre *le/la/l'/les* + 名詞 et *le/la/l'/les* + 名詞

会話 🔊 **39** Demander son chemin. (2)

la dame :	Je peux vous aider ?
Nicolas :	Oui. Où est l'hôtel du Lion, s'il vous plaît [plait] ?
la dame :	L'hôtel du Lion ? C'est très facile. D'abord, passez le prochain carrefour et allez tout droit jusqu'à la place Victor Hugo. Ensuite, tournez à droite et prenez l'avenue de la Liberté. L'hôtel est en face de la gare.
Nicolas :	Merci beaucoup, madame.

aider
une avenue
un carrefour
facile
jusqu'à
prochain(e)
une rue
tourner
tout droit

順序をいう
D'abord,...
Ensuite,
Enfin,...

●Grammaire **1** ・ **4** ・ **5**

道を教えてあげましょう. *Indiquez le chemin à votre voisin(e)*

道を
教える

Allez/Prenez le/la/l'/les ＋名詞.
Tournez *à gauche/ à droite*.
Continuez (tout droit) jusqu'*au/à la/aux* ＋名詞.
Passez (devant) le/la/l'/les ＋名詞.
Traversez le/la/l'/les ＋名詞.

Exercice 2. 目的地を決めて，それがどこにあるのか隣の人にたずねましょう.
隣の人は，行き方を教えてあげましょう.
Choisissez un lieu et demandez le chemin à votre voisin(e). Jouez la scène.

考えてみよう！ **3種類の命令文**

次の文は3つとも命令文に分類されます．文頭の動詞は，すべて prendre が活用したものです．なぜ3つもあるのでしょうか．また，3つ目の文はどんな意味になるのでしょうか.
Prends l'avenue de la Liberté !　　Prenez l'avenue de la Liberté !　　Prenons l'avenue de la Liberté !
ヒント：省略されている主語は何かな.

会話 🔊 **40** À l'hôtel. (1)

100 (cent)
une chambre
une clé
une fiche
..., je crois.
remplir
le troisième

l'employée :	Veuillez remplir cette fiche, s'il vous plaît [plait]... Voilà votre clé. Chambre 315, c'est au troisième.
Eiki :	Merci... Pardon, quel temps il va faire demain ?
l'employée :	Il va pleuvoir le matin, mais il va faire beau l'après-midi, je crois.

●Grammaire **1** ・ **3**

天気

Quel temps fait-il + 時の表現 **?** − **Il fait...**
Quel temps il va faire + 時の表現 **?** − **Il va faire...**

Exercice 3. フランスの地図を見ながら，例にならって会話しなさい.
Demandez à votre voisin(e) selon le modèle.

例 Quel temps fait-il à *Ajaccio* ? →Il *fait beau*. Il fait *14*.

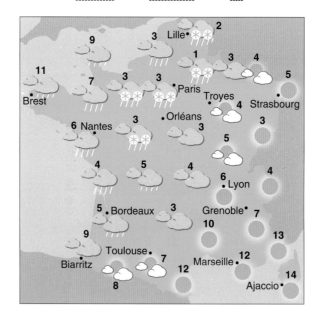

? 考えてみよう！　**近接未来**

　次の文中のイタリック体の部分は，「近接未来形」です．「近接未来」って聞き慣れない言葉ですね．
いったいどんな働きをしているのでしょうか.

　　　Quel temps il *va faire* demain ?　　　　　　　　　Il *va pleuvoir* le matin.

ヒント：va は英語の go に当たる動詞 aller の活用形で，faire, pleuvoir は不定詞（動詞の原形）です．英
語にもよく似た形式がありますね．

会話 🔊 41　À l'hôtel. (2)

Eiki :	Qu'est-ce que vous me conseillez de visiter ?
l'employée :	Je vous conseille de visiter le musée d'Orsay, le matin. Et l'après-midi, allez voir le jardin des Tuileries. C'est très beau !

●Grammaire 1・2・4・5

– **Qu'est-ce que vous me conseillez de faire/voir** à ＋地名・場所 **?**
– **Je vous conseille de** ＋不定詞, **parce que c'est** ＋形容詞.
　ou　Allez voir ＋地名・場所 **! C'est** ＋形容詞.

何が・どこが
お勧めなのか

Exercice 4.　次の質問の文を使って，隣の人と会話しましょう.
　　　　　　Faites un dialogue en utilisant les questions ci-dessous.

1. Vous venez de quelle région du Japon ?
2. Quelle est la spécialité de ＋地名 ?
3. Qu'est-ce qu'il y a à ＋地名? *ou* Qu'est-ce qui est intéressant à ＋地名 ?
4. Qu'est-ce que vous me conseillez de *faire/voir* à ＋地名 ?

Quelques adjectifs　形容詞 1

beau/belle	grand(e)	intéressant(e)	passionnant(e)	petit(e)	nul(le)
美しい	大きい	興味深い	夢中にならせる	小さい	くだらない

moche	délicieux/délicieuse	bon(ne)	dégueulasse
ださい	とても美味しい	よい，美味しい	まずい

? 　考えてみよう！　**代名詞**

　次の文の代名詞 vous に注目してください．(2) と (3) の vous は，(1) の vous と同じ働きをしているでしょうか.

(1)　Qu'est-ce que vous me conseillez de visiter ?

(2)　Je peux vous aider ?

(3)　Je vous conseille de visiter le musée d'Orsay.

La France se divise en 4 grandes zones climatiques : le climat océanique, le climat montagnard, le climat continental et le climat méditerranéen. Dans quelles zones se trouvent la ville où vous voudriez aller étudier le français ? Regardez sur la carte ci-dessous :

Source : Comment expliquer les phénomènes météorologiques ? | Lelivrescolaire.fr

Dans les régions au climat océanique, il fait plutôt frais en été et pas trop froid en hiver, même si les températures dans les villes à l'intérieur du pays comme Paris peuvent être négatives. Ce climat est assez pluvieux.

Il fait plutôt frais en été et très froid en hiver dans les régions de montagnes, ainsi que dans les régions au climat continental, mais il neige peu en plaine au sud de la Loire en général. Le ski est un sport populaire en France et les stations de ski sont nombreuses surtout dans les Alpes et les Pyrénées.

Beaucoup de Français vont se dorer en été sur les plages de la mer Méditerranée, dans le sud de la France. Il y fait chaud et sec en cette saison-là, tandis qu'il fait doux en hiver. Il y pleut assez peu, mais les orages sont souvent soudains et violents.

▶ Et dans votre région, comment est le climat ? Utilisez vos descriptions du climat dans votre ville natale et faites une carte climatique du Japon avec.

▶ Comment les Japonais apprécient les 4 saisons ?

Les Français aiment parler du temps pour commencer une conversation. Le français a de nombreux dictons sur le temps :

« Noël au balcon, Pâques aux tisons »

« En avril ne te découvre pas d'un fil ! »

Et les Français adorent parler de manière imagée :

« Tu dis qu'il pleut, mais en fait tu postillones ! »

« Il pleut comme vache qui pisse ! », ou plus élégamment « Il pleut à verse ».

▶ Y a-t-il des dictons sur le temps au Japon ?

Vocabulaire
語彙

La météo

Il fait bon/doux.
あたたかい

Il fait beau/soleil.
晴れている

Il fait chaud.
暑い

Il fait gris/nuageux.
曇っている

Il fait froid.
寒い

Il fait sec.
乾燥している

Il fait humide.
湿気のある

Il fait 32.
32度だ

Il fait −(＝moins) 5.
マイナス5度だ

Il a gelé.
凍った

Il pleut.
雨が降っている

Il neige.
雪が降っている

Il y a du vent.
風が吹いている

Il y a un typhon.
台風が来ている

Il y a des orages.
雷雨だ

Quand ?

4h-6h
tôt le matin
朝早く

7h-12h
le matin
朝，午前

12h
à midi
正午に

14h-18h
l'après-midi
午後

18h-22h
le soir
夜，晩

22h-24h
tard le soir
夜遅く

24h
à minuit
真夜中

23h-6h
la nuit
夜

Les saisons 四季

春　　　夏　　　秋　　　冬
le printemps　l'été　l'automne　l'hiver

Grammaire
文法

ポイント　1　　フランス語の命令文は，話す間柄によって使い分ける.
● 命令文

🔊 43

	chanter	prendre un taxi	aller tout droit
(tu)	**Chante !**	**Prends** un taxi !	**Va** tout droit !
(vous)	**Chantez !**	**Prenez** un taxi !	**Allez** tout droit !
(nous)	**Chantons !**	**Prenons** un taxi !	**Allons** tout droit !

3 種類の命令文：
1) tu で話す間柄の人に
2) vous で話す間柄の人に
3)「〜しましょう」(Let's …)

＊大部分の命令文は直説法現在から作る． tu の活用形が －es で終わる場合は，s を取る.

ポイント　2　　目的語の働きをする代名詞は動詞の前に置く.
● 目的語の働きをする代名詞

主語	目的語		主語	目的語	
	直接	間接		直接	間接
je	me		nous	nous	
tu	te		vous	vous	
il	le	lui	ils	les	leur
elle	la		elles		

1）目的語の働きをする代名詞は動詞の前に置く.
　　J'aide *Marie*.　→　Je *l'*aide.
　　Je conseille à *Marie* de visiter le Louvre.
　　　→　Je *lui* conseille de visiter le Louvre.
2）否定形：ne＋代名詞の目的語＋動詞＋pas
　　Je ne cherche pas *la gare*.
　　　→　Je ne *la* cherche pas.

＊直接目的語と間接目的語の見分け方：動詞のすぐ後に来る名詞は直接目的語で，「前置詞 à＋名詞」は間接
　目的語． Je donne cette fleur à Marie.の cette fleur は直接目的語で，à Marie は間接目的語.
　　注意：aller /pouvoir/ vouloir＋代名詞の目的語＋不定詞. 例 Je peux vous aider ?

ポイント　3　　「aller の活用形＋不定詞」は近い未来を表す.
● 近接未来

aller の活用形＋不定詞：
1）すぐに実現すること
2）現在の状況からして確実に実現すること

1) Je **vais t'expliquer**.
2) Le ciel est gris. Il **va pleuvoir** bientôt.
　　否定形：Le ciel est bleu. Il ne **va pas pleuvoir**.

ポイント　4　　普通の文に **est-ce que** をつけると疑問文になる.
● 疑問文（1）疑問詞を用いない場合

3種類の疑問文の作り方：
1）尻上がりのイントネーションのみによる
2）文頭に **Est-ce que** をつける
3）主語と動詞を倒置させる

1) Je peux vous aider ?（日常の会話で）
2) Est-ce qu'il y a un hôtel près d'ici ?
　（今から質問をするということをあえて明確にした
　い時）
3) Êtes-vous fonctionnaire ?（改まった場面で）

ポイント　5　　疑問詞を用いる疑問文にはいろいろな語順がある.
● 疑問文（2）疑問詞を用いる場合

疑問詞を用いる疑問文の語順：
1）主語＋動詞＋疑問詞？
2）疑問詞＋主語＋動詞 …？
3）疑問詞＋ est-ce que ＋主語＋動詞 …？
4）疑問詞＋動詞＋主語 …？

1) Ton cousin habite *où* ?　（口語）
2) *Où* ton cousin habite ?　（口語）
3) *Où est-ce que* ton cousin habite ?
4) *Où* habite ton cousin ?*
＊主語が名詞句で，直接目的語の名詞句もない場合
　しかできない.
注意：qu'est-ce que は動詞の後では, quoi になる.

Exercice 1 まず，下記の文の動詞を tu で話す間柄の人に対する命令形にしなさい．次に vous で話す間柄の人に対する命令形を使い，次の文を書き直しなさい．
Conjuguez les verbes ci-dessous à l'impératif, 2ᵉ personne du singulier. Puis refaites les phrases à l'impératif, 2ᵉ personne du pluriel.

Pour aller à la poste ? ... D'abord, *(aller)* --------------------------------- tout droit et *(tourner)* --------------------------------- à gauche au prochain feu. Ensuite, *(prendre)* --------------------------------- la première rue à droite et *(continuer)* --------------------------------- jusqu'à la place de l'église. Là, *(traverser)* --------------------------------- la place. La poste est à côté de la banque.

Exercice 2 下線部分を代名詞にして，質問に答えなさい．*Répondez avec un pronom complément.*

1. Vous invitez quelquefois vos amis chez vous ? — Oui, ---------------------------------
2. Tu recommandes souvent un restaurant à tes amis ? — Non, ---------------------------------
3. Vous téléphonez tous les jours à votre petit ami ? — Oui, ---------------------------------
4. Est-ce que tu connais bien ces romans ? — Non, ---------------------------------
5. Qu'est-ce que tu me conseilles comme plat japonais ? — Je ---------------------------------, c'est délicieux !
6. Est-ce que vous écoutez souvent la radio ? — Non, ---------------------------------

Exercice 3 近接未来形を使って，文を書き直しなさい．*Refaites les phrases au futur proche.*

1. Vous faites des cadeaux à vos parents ?
2. Cet étudiant ne va pas en France, cet été.
3. Tu prends le TGV pour aller à Dijon ?
4. J'arrive chez toi ce soir, d'accord ?
5. Nous voyageons en Australie du 1ᵉʳ au 8 février.
6. Ah, on peut enfin aller au cinéma ce week-end [weekend]. Je ne travaille pas ce samedi !

Exercice 4 例にならって，est-ce que を使った疑問文を作り，次に自由に答えなさい．
Refaites les phrases selon le modèle, puis répondez-y librement.

例 Tu aimes les voyages à l'étranger ? → *Est-ce que tu aimes les voyages à l'étranger ?*
— Non, *je n'aime pas les voyages à l'étranger.*

1. Vous partez demain en voyage ? → --------------------------------- — ---------------------------------
2. Tu habites à Paris ? → --------------------------------- — ---------------------------------
3. Tu as un petit boulot ? → --------------------------------- — ---------------------------------
4. Il y a un restaurant français près d'ici ? → --------------------------------- — ---------------------------------
5. Il fait beau ce matin ? → --------------------------------- — ---------------------------------

Exercice 5 est-ce que を取って，カッコの中の指示に従って疑問文を作りなさい．
Refaites les phrases en vous servant du Point 5.

1. Pourquoi est-ce qu'elles étudient le français ?（ポイント 5・2）→ ---------------------------------
2. Comment est-ce qu'ils vont à la poste ?（ポイント 5・1）→ ---------------------------------
3. Quel temps est-ce qu'il fait demain à Bordeaux ?（ポイント 5・1）→ ---------------------------------
4. Combien de temps est-ce qu'il faut pour venir chez toi ?（ポイント 5・2）→ ---------------------------------
5. Quand est-ce que tes parents viennent ?（ポイント 5・4）→ ---------------------------------
6. Qu'est-ce que tu vas faire demain ?（ポイント 5・1）→ ---------------------------------

マスターしよう！

1. どうしたのかたずねる
2. 何をしたかをたずねる
3. 経験したことを言う
4. 好き・嫌いを言う

会話 🔊 **44** Dans la rue.

Jules :	C'est bizarre, je ne trouve pas mon portefeuille !
la dame :	Tu l'as peut-être oublié au café ?
Jules :	Impossible. J'ai réglé l'addition !

bizarre
impossible
un portefeuille
oublier
trouver
régler l'addition

●Grammaire 1・2・3

どう
しましたか

次のパターンを使って会話しましょう． *Demandez à votre voisin(e).*

**－ Qu'est-ce que vous avez ? ou Qu'est-ce qu'il y a ?
ou Qu'est-ce qui se passe ?**

－ J'ai ＋ 過去分詞.

1. rater mon train
電車に乗り遅れてしまった

2. oublier de descendre
降りるのを忘れた（＝乗り越した）

3. perdre mon passeport
パスポートを失くした

4. laisser mon parapluie chez moi
家に傘を置いてきてしまった

? 考えてみよう！　**複合過去（助動詞：avoir）**

　次の文の ai は avoir の現在形で，réglé は régler の過去分詞です．「avoir の現在形＋過去分詞」で複合過去と言われる時制を表します．この「avoir の現在形＋過去分詞」の形，英語の何かに似ていますね．働きも同じでしょうか．

J'ai réglé l'addition.

J'ai oublié mon portefeuille au café.

会話 🔊 **45** **Parler de son week-end.**

Ryota :	Qu'est-ce que tu as fait ce week-end ?
Sylvie :	D'abord, j'ai fait la grasse matinée jusqu'à 11 heures. Ensuite, je suis allée dans le centre-ville avec des amies. Après, on a fait les magasins... Et toi, Ryota ?
Ryota :	Moi, je n'ai rien fait de spécial. Je suis resté à la maison et j'ai étudié mon français.

> *le* centre-ville
> faire les magasins
> *la* grasse matinée
> rester à la maison
> rien de spécial

● Grammaire 1・2・3

次のパターンを使って会話しましょう. *Demandez à votre voisin(e).*

- **Qu'est-ce que vous avez fait** ＋時間の表現 **?**
- **J'ai** ＋過去分詞. ou **Je suis** ＋過去分詞.

何を
したか

複合過去：助動詞に être を用いる動詞 ①

naître
[naitre]
né(e)

aller
allé(e)

monter
monté(e)

venir
venu(e)
arriver
arrivé(e)

entrer
entré(e)

passer
passé(e)

rester
resté(e)

partir
parti(e)

sortir
sorti(e)

descendre
descendu(e)

tomber
tombé(e)

mourir
mort(e)

Exercice 1.　次の質問を複合過去形に置き換えて，隣の人に質問しましょう. 必要に応じて時間を表す言葉を変えなさい.
　　　　　　Mettez les questions suivantes au passé composé, puis discutez avec votre voisin(e).
　　　　　　Changez les expressions de temps si nécessaire.

1. À quelle heure arrivez-vous à l'université, aujourd'hui ?
2. Vous dormez jusqu'à quelle heure ?
3. D'habitude, vous rentrez à quelle heure ?
4. Qu'est-ce que vous faites ce week-end ?
5. En général, vous regardez la télé jusqu'à quelle heure ?
6. Est-ce que vous allez au cinéma, ce soir ?

?　考えてみよう！　**複合過去（助動詞：être）**

　複合過去の助動詞として，avoir だけでなく，être も用います. さて，この2つの助動詞は，どのように使い分けるのでしょうか. 助動詞として être を用いる動詞は，数が限られていて，意味的な特徴があります. どのような意味の動詞の時に être を用いるのでしょうか.

aller / venir（行く / 来る）　　　　monter / descendre（上がる / 下りる）

entrer / sortir（中に入る / 外に出る）　partir / arriver（出発する / 到着する）

会話 🔊 **46** *Parler de sa soirée.*

<table>
<tr><td>avoir l'air...</td></tr>
<tr><td>une exposition</td></tr>
<tr><td>hier</td></tr>
<tr><td>prendre un verre</td></tr>
<tr><td>se coucher</td></tr>
<tr><td>se promener</td></tr>
</table>

Lucas :	Tu as l'air fatiguée. Tu t'es couchée tard hier soir ?
Noemi :	Oui, vers minuit.
Lucas :	Ah bon ! Qu'est-ce que tu as fait ?
Noemi :	Euh... J'ai vu une très belle exposition au musée d'Orsay de 17h00 à 18h00.
Lucas :	Et après ?
Noemi :	Après ? Je suis allée dans un bon restaurant français. Ensuite, je me suis promenée sur les Champs-Elysées. Enfin, j'ai pris un verre dans un bar.

順序をいう
D'abord, ...
Ensuite, ...
Après, ...
Puis, ...
Enfin, ...

●Grammaire **2** · **3** · **4**

複合過去：助動詞に être を用いる動詞 ② 代名動詞

se lever	**se laver**	**s'habiller**	**se coiffer**	**se maquiller**	**se reposer**	**se coucher**
je me suis levé(e)	lavé(e)	habillé(e)	coiffé(e)	maquillé(e)	reposé(e)	couché(e)

Exercice 2. まず隣の人に次の質問をしましょう．次に質問を複合過去形に置き換えて，もう一度隣の人に質問しましょう．必要に応じて時間を表す言葉を変えなさい．
Posez les questions suivantes à votre voisin(e). Puis mettez-les au passé composé, et discutez avec votre voisin(e). Changez les expressions de temps si nécessaire.

1. À quelle heure vous vous couchez ?
2. Vous vous levez à quelle heure ce week-end [weekend] ?
3. Vous vous reposez beaucoup le samedi ?
4. Vous vous promenez dimanche ?
5. Est-ce que vous sortez vendredi soir ?
6. Vous travaillez le week-end [weekend] ?

? 考えてみよう！ **代名動詞**

「代名動詞」ってどんな動詞でしょうか．次の文を見てください．最初の文の mon enfant を代名詞化したのが 2 番目の文です．le「彼を」を me「私を」に変えると 3 番目と 4 番目の文になります．1 番目と 2 番目の文の動詞は，普通の他動詞ですが，3 番目と 4 番目の文の動詞は代名動詞です．2 番目の文とどこが違いますか．

Je lève mon enfant à sept heures.	私は 7 時に子供を起こす．
Je le lève à sept heures.	私は彼を 7 時に起こす．
Je me lève à sept heures.	私は 7 時に起きます．
Je me suis levé(e) à sept heures.	私は 7 時に起きました．

会話 🔊 **47** **Parler de ses expériences.**

adorer avec plaisir déjà là-bas		
	Ethan :	Est-ce que tu es déjà allée à Fontainebleau ?
	Rie :	Non, je ne suis jamais allée là-bas, mais j'aimerais bien y aller. J'adore aller au musée.
	Ethan :	Ça te dit d'y aller ce week-end [weekend] ?
	Rie :	Avec plaisir !

●Grammaire 1 · 2 · 3

– **Est-ce que vous êtes déjà allé(e) à + 地名 · 国名 ?**
– **Oui, je suis déjà allé(e) à + 地名 · 国名. ou Oui, j'y suis déjà allé(e).**
  Attention : **Non, je n'y suis jamais allé(e).**

経験した
ことを言う

Exercice 3.   次の表現を使って会話しましょう.
  Discutez avec votre voisin(e) en utilisant les expressions suivantes.
    1. aller à l'étranger   4. apprendre le chinois
    2. manger des escargots   5. faire du karaté
    3. faire du ski   6. travailler dans un café

Exercice 4.   次の質問に **y** を使って答えなさい.
  Répondez aux questions en utilisant le pronom « y ».
    1. Vous allez à l'université à pied ? Non,...
    2. Ils vont aller au restaurant demain soir ? Oui,...
    3. Tu voudrais te promener au parc avec moi ? Oui,...
    4. Elle est au bureau ? Non,...
    5. Il a accompagné les enfants jusqu'à l'école ? Oui,...
    6. Tu es passé(e) chez le boulanger ? Oui,...

Exercice 5.   「Qu'est-ce que tu fais ce week-end [weekend] ? Ça te dit de + 不定詞, ce week-end ?」というパターンを使って隣の人を誘い，32頁の感嘆文を使って答えましょう. *Proposez à votre voisin(e) de faire quelque chose ce week-end [weekend] et répondez en utilisant les exclamatifs, vus à la page 32.*

? 考えてみよう！　**代名詞 y**

  y は（副詞的）代名詞です．トラック 47 の会話の中で使われている 2 つの y は何の代わりをしているでしょうか．y と同じような働きをしているのは英語では何でしょうか．

Les loisirs
préférés des Français   48

Top 10 des loisirs préférés des Français selon l'institut Oneteux (les personnes interrogées ont pu faire plusieurs réponses) :

Classement	Les loisirs préférés	Taux d'engouement	Classement	Les loisirs préférés	Taux d'engouement
1	Cinéma	25,2%	11	Vin	9,9%
2	Musique	20,8%	12	Danse	8,7%
3	Photographie	19,1%	13	Documentaires	8,4%
4	Séries télévisées	14,6%	14	Fête	8,3%
5	Voyages	14,0%	15	Desserts	7,7%
6	Cuisine	14,0%	16	Bière	7,5%
7	Internet	11,6%	17	Technologie	7,4%
8	Randonnée	10,8%	18	Écologie	7,3%
9	Lecture	10,8%	19	Jeux vidéos	7,2%
10	Théâtre	10,3%	20	Jogging	7,0%

Source : Les loisirs préférés des Français – Libre Info (2020)

Curieusement, le football et le cyclisme ne sont pas dans le top 20 alors que ce sont les sports nationaux des Français ! Peut-être qu'ils aiment plus être spectateurs que pratiquer ces sports...

Et vous, quels sont vos loisirs préférés ?

好き・嫌い を言う	− **Vous aimez le/la/les**＋名詞 **?** − **Oui , j'aime le/la/les**＋名詞**.** *Attention* : **détester** ♡♡♡ **aimer beaucoup** ♡♡	− **Vous aimez**＋不定詞 **?** − **Oui , j'aime**＋不定詞**.** **aimer (bien)** ♡ **adorer** ♡♡♡

Exercice 6.　上のアンケート調査の語彙またはその他の語彙を使って例にならって会話をしましょう.

Faites une conversation en imitant l'exemple et en utilisant le vocabulaire de l'enquête ci-dessus ou d'autres mots.

例 − Qu'est-ce que tu aimes faire le week-end ? *ou* Quels sont tes loisirs ?
　　− Moi, j'aime beaucoup... J'adore... Mais je déteste... Et toi, qu'est-ce que tu aimes faire ?

Vocabulaire
語彙

Les principaux verbes

料理する
cuisiner
je cuisine
j'ai cuisiné

勉強する
étudier
j'étudie
j'ai étudié

仕事する
travailler
je travaille
j'ai travaillé

食べる
manger
je mange
j'ai mangé

飲む
boire
je bois
j'ai bu

起きる
se lever
je me lève
je me suis levé(e)

寝る
se coucher
je me couche
je me suis couché(e)

服を着る
s'habiller
je m'habille
je me suis habillé(e)

化粧する
se maquiller
je me maquille
je me suis maquillé(e)

食器を洗う
faire la vaisselle
je fais la vaisselle
j'ai fait la vaisselle

する・作る
faire
je fais
j'ai fait

スポーツをする
faire du sport
je fais du sport
j'ai fait du sport

髪の毛をとかす
se coiffer
je me coiffe
je me suis coiffé(e)

楽しむ
s'amuser
je m'amuse
je me suis amusé(e)

掃除する
faire le ménage
je fais le ménage
j'ai fait le ménage

休む・ゆっくりする
se reposer
je me repose
je me suis reposé(e)

体を洗う
se laver
je me lave
je me suis lavé(e)

電話する
téléphoner
je téléphone
j'ai téléphoné

買う
acheter
j'achète
j'ai acheté

売る
vendre
je vends
j'ai vendu

散歩する
se promener
je me promène
je me suis promené(e)

旅行する
voyager
je voyage
j'ai voyagé

訪問する
aller voir
je vais voir
je suis allé(e) voir

読む
lire
je lis
j'ai lu

書く
écrire
j'écris
j'ai écrit

出かける
sortir
je sors
je suis sorti(e)

行く
aller
je vais
je suis allé(e)

来る
venir
je viens
je suis venu(e)

会う・見る
voir
je vois
j'ai vu

話す
parler
je parle
j'ai parlé

言う
dire
je dis
j'ai dit

Grammaire
文法

ポイント　1　複合過去は，英語の「過去」と「現在完了」の２つの働きをする.
- 複合過去（１）用法

> 複合過去の２つの用法
> 　１）過去
> 　２）現在完了・完了　経験　結果

1) Es-tu allé(e) au cinéma hier soir ?
2) Je n'ai pas encore fait mes devoirs.
　Tu es déjà sortie avec Alexandre ?
　Alex et moi ne sommes jamais sortis ensemble.

ポイント　2　移動を表す一部の自動詞とすべての代名動詞の場合は，助動詞に être を用いる.
- 複合過去（２）助動詞の使い分け

> 　１）移動を表す一部の自動詞とすべての代名動詞
> 　　→ être の現在形＋過去分詞
> 　２）その他の自動詞とすべての他動詞
> 　　→ avoir の現在形＋過去分詞

移動を表す一部の自動詞の場合，過去分詞は主語の性・数に一致する.
1) Elle est partie tard hier soir.
2) J'ai étudié le français hier.

　＊他動詞の過去分詞は動詞の前に置かれた直接目的語代名詞の性と数に一致する:
　　Tu as invité Sylvie ? – Oui, je l'ai invitée.　vs　Tu as dit la vérité à tes parents ? – Oui, je leur ai dit.

ポイント　3　フランス語の過去分詞の語尾は，-e, -i, -u, -s, -t の５種類しかない.
- 複合過去（３）過去分詞の作り方

> 　１）不定詞の語尾が -er の動詞のすべて → -é
> 　２）不定詞の語尾が -ir の動詞の大半 → -i
> 　３）不定詞の語尾が -oir, -re の動詞の一部 → -u
> 　４）その他の動詞 → -s, -t

1) aller → allé　　　monter → monté
2) finir → fini　　　sortir → sorti
3) voir → vu　　　descendre → descendu
4) mettre → mis　prendre → pris
　faire → fait　　ouvrir → ouvert

ポイント　4　主語と同じ人（もの）を表す目的語の代名詞を伴う動詞を代名動詞と言う.
- 代名動詞現在形：se laver 🔊 49

j'	me lave	nous	nous lavons
tu	te laves	vous	vous lavez
il	se lave	ils	se lavent
elle	se lave	elles	se lavent

否定文：Je ne me lève pas tôt.
倒置疑問文：Vous levez-vous tôt ?

1) 再帰的用法（行為を自分に対してする）
　Je me lève à six heures.
2) 中立的用法（行為が自発的になされる）
　Je me réveille très tôt.
3) 相互的用法 「お互いに〜し合う」
　On s'écrit souvent.
4) 受動的用法
　Comment ça s'écrit ?

代名動詞の複合過去形は助動詞 être を使う：se laver 🔊 50

je	me suis lavé(e)	nous	nous sommes lavé(e)s
tu	t'es lavé(e)	vous	vous êtes lavé(e)(s)
il	s'est lavé	ils	se sont lavés
elle	s'est lavée	elles	se sont lavées

否定文：Elle ne s'est pas lavé les mains.
倒置疑問文：Vous êtes-vous téléphoné ce week-end ?

＊過去分詞は目的語（主語）の性・数に一致する. ただし, 次の場合は一致しない.
1) 同一文中にすでに直接目的語がある場合
2) 動詞が parler, téléphoner, écrire の場合

Exercice 1 複合過去形を使い，質問に答えなさい． *Répondez aux questions.*

1. Tu as fini tes devoirs ? — Oui, --
2. Ta mère a déjà fait du ski ? — Non, ---
3. Vous avez fait un petit boulot ce week-end ? — Oui, -------------------------------------
4. Vos parents ont déjà voyagé en Corée ? — Non, --
5. Est-ce que tu as regardé la télé hier soir ? — Oui, --
6. Avez-vous vu un bon film récemment ? — Non, ---

Exercice 2 適当な助動詞を使って，複合過去形の文を作りなさい． *Faites des phrases selon le modèle.*

例 Denis / rester à la maison samedi soir / et / lire un livre. → *Denis est resté à la maison samedi soir* *et il a lu un livre.*

1. Tu / téléphoner à tes amis / ensuite / sortir dans le centre-ville.
2. Elle / partir de chez elle à 8h15 / et /arriver à l'université à 8h50.
3. Je / inviter des amis / et / faire la cuisine.
4. Vous / aller à Arashiyama / et / visiter le temple Tenryû-ji.
5. Nous / voir un film américain / après / aller au restaurant.
6. Le train / ne pas encore arriver / et on annonce un gros retard.

Exercice 3 カッコの中にある動詞の過去分詞を書きなさい．
Écrivez le participe passé du verbe entre parenthèses.

1. Vous êtes (*sortir*) ------------------ à quelle heure du cinéma ?
2. À quel prix ils t'ont (*vendre*) ------------------ ce sac de marque ?
3. Combien t'ont (*coûter* [*couter*]) ------------------ ces accessoires ?
4. Comment a-t-elle (*perdre*) ------------------ son passeport ?
5. J'ai (*mettre*) ------------------ le journal sur la table et j'ai (*prendre*) ------------------ un café.
6. Fabienne est (*naître* [*naitre*]) ------------------ le 7 février 2004.

Exercice 4 直説法現在形を使って文を完成させなさい．次に動詞を複合過去形にしなさい（必要に応じて時間の表現を変えなさい）． *Conjuguez les verbes au présent de l'indicatif, puis refaites les phrases au passé composé en changeant si nécessaire les expressions de temps.*

1. Tu (*se coucher*) ------------- à quelle heure le soir ?
2. Marc (*se lever*) ------------- tôt tous les jours pour aller au travail.
3. D'abord, je (*se maquiller*) ------------- , ensuite je (*se coiffer*) ------------- , puis je (*partir*) ------------- .
4. Elle (*se promener*) ------------- près du campus.
5. Vous préférez (*se doucher*) ------------- le matin ou le soir ?
6. Mes sœurs (*ne pas encore se lever*) ------------- , mais je (*déjà préparer*) ------------- le petit déjeuner.

Exercice 5 目的語代名詞を使い質問に答えなさい． *Répondez en utilisant des pronoms personnels compléments.*

1. Tu as vu la dernière représentation de ce music-hall ? — Oui, -------------------------
2. Votre amie a offert ce cadeau à ses parents ? — Oui, ---------------------------------------
3. Vos enfants ont perdu leurs bagages à l'aéroport ? — Non, heureusement, ----------
4. Vous avez parlé à la directrice ? — Oui, --
5. Les enfants, vous vous êtes brossé les dents ? — Oui, --------------------------------------

7 a

マスターしよう！

1. 売り場をたずねる
2. 服のサイズを言う
3. 好みを言う
4. 意見をまとめる
5. 値段をたずねる

会話 🔊 51　Dans le magasin de vêtements. (1)

Yoshie :	Excusez-moi, où est le rayon des pulls, s'il vous plaît [plait] ?
le vendeur :	Par ici, je vous prie.
	…
Jérôme :	Yoshie, regarde ce pull noir. C'est du 36. C'est ta taille ?
Yoshie :	Mais non, Jérôme. Je fais du 38 !

un magasin
noir*(e)*
un pull
un rayon
regarder
une taille
un vêtement

●Grammaire 1・5

**売り場を
たずねる**

上の地図を見て，〜の売り場についての会話をしましょう．
Demandez où sont les rayons.

- **Où est le rayon des** + 服の名前 **?**
- **Par ici, je vous prie.** ou **C'est à** *côté/droite/gauche* **des** + 服の名前.

**サイズを
たずねる**

次のパターンを使って，服のサイズについての会話をしましょう．
Demandez à votre voisin(e) sa taille de pull.

- **Vous faites/Tu fais** du combien? ou **Quelle est** *votre/ta* **taille?**
- **Je fais du** + サイズ.

?　考えてみよう！　**形容詞の位置**

フランス語では，名詞を修飾する（品質）形容詞の位置は原則として英語と違っています．
右の文を英訳してみると，相違点がわかります．　Ce pull rouge est plus grand que ce pull vert.

会話 🔊 **52** **Dans le magasin de vêtements. (2)**

Jérôme :	Comment tu trouves ce pull ?
Yoshie :	Je le trouve pas mal, mais je préfère le blanc. Il est plus chic que le noir. Et il te va bien.
Jérôme :	Tu as raison, il est très bien. Il coûte [coute] combien ?
Yoshie :	34 euros. Il est moins cher !
Jérôme :	Parfait ! Je le prends.

aller bien
blanc*(he)*
cher*(-ère)*
chic
pas mal

● Grammaire **1** ・ **2**

次のパターンを使って会話しましょう. *Demandez à votre voisin(e).*

– **Comment *vous trouvez/tu trouves* ce/cette/ces** ＋ 服の名前 **?**
– **Je le/la/les trouve** ＋ 形容詞**.**

意見を
たずねる

～よりもっと　　：**plus** ＋ 形容詞 **que ...**
～と同じぐらい：**aussi** ＋ 形容詞 **que ...**
～より少なく　：**moins** ＋ 形容詞 **que ...**

比較級

Exercice 1.　次のセーターおよびメガネを比較する会話をしましょう.
　　　　　　 Discutez avec votre voisin(e) sur les vêtements et objets ci-dessous.

A

un pull vert	un pull rouge
taille S, petit	taille XL, grand
en cachemire, fragile	en laine, doux
86€	35,50€

B

des lunettes de soleil	des lunettes Armani
fabriquées au Japon	fabriquées en Italie
banales	stylisées
3000¥	170€

ヒント：1000 = mille, 100 = cent

? 考えてみよう！　**定冠詞＋形容詞**

　　会話で使われている「le blanc」と「le noir」は何でしょうか？　フランス語では，一度出てきた名詞は繰り返す必要はありません．たとえば，ここでは「le pull blanc」とか「le pull noir」という代わりに「le blanc」「le noir」と言っているのです．

7 b

会話 🔊 53 Quelle robe choisir ?

celle-là élégant(e) en plus *une* robe	Yurino :	Tu préfères quelle robe ? La rouge, la noire ou la blanche ?
	François :	J'aime beaucoup la rouge, mais c'est la plus chère !
	Yurino :	Alors, qu'est-ce que tu penses de celle-là ? C'est la moins chère des trois. En plus, elle est très élégante !

●Grammaire 3・4

最上級

一番，もっとも〜 : **le/la/les plus** ＋形容詞 (de) ...
もっとも少なく〜 : **le/la/les moins** ＋形容詞 (de)...

Exercice 2. 例にならって，最上級を使い，隣の人と会話してみましょう．形容詞の性・数一致に注意.
Discutez avec votre voisin(e) selon le modèle. Attention à l'accord des adjectifs !

例　bon　　un plat japonais
　　－À ton avis, *quel est le meilleur plat japonais* ?
　　－À mon avis, c'est *le sukiyaki.*

1. passionnant　le roman
2. bonne　　　la saison pour visiter le Japon
3. difficile　　la langue
4. belle　　　l'actrice
5. gros　　　l'animal
6. beaux　　　les monuments en France

Exercice 3. 比較級と最上級を使い，クイズ番組の司会者と解答者になったつもりで会話しましょう.
Faites un dialogue avec votre voisin(e) sur le thème d'un quiz télé.

例　－Bienvenue à notre super jeu « Super-Questions » ! Et voici la première question.
　　Quelle est la plus haute montagne de France ?
　　－*Le Mont Blanc !*
　　－Très bien ! Deuxième question : ...

？　考えてみよう！　最上級

　フランス語と英語の最上級の共通点と相違点について考えてみましょう．まず，共通点について見てみましょう．英語の good の最上級は the best で特別の形をしていますね．英語の good にあたるフランス語は bon (ne)(s) ですが，最上級は定冠詞＋meilleur(e)(s) でやっぱり特別の形をしています．
　では，相違点はどこでしょうか.

会話 🔊 **54** Demander au vendeur.

une montre montrer Pouvez-vous... ? quelque chose tout de suite	Sophie : **Pouvez-vous me montrer cette montre, s'il vous plaît [plait] ?**
	le vendeur : **Tout de suite, madame. ... La voilà !**
	Sophie : **Elle est très belle. Elle me plaît [plait] beaucoup, mais elle fait 1200€ ! Vous avez quelque chose de moins cher ?**

●Grammaire **2**

– **Pouvez-vous (**ou **Pourriez-vous) me montrer ce/cette/ces** ＋ 名詞 **?**

ou **Montrez-moi ce/cette/ces** ＋ 名詞 **!** ●Grammaire **5**

– **Oui, bien sûr. Un instant (**ou **tout de suite), monsieur/madame.**

> 見せて
> いただけ
> ますか

Exercice 4. 「**Pouvez-vous** ＋不定詞 **?**」を使って，文を作りなさい.
Faites la question et la réponse avec les expressions ci-dessous.

1. me faire un prix
2. faire un paquet cadeau
3. l'expédier au Japon
4. faire les formalités pour la détaxe

> ありますか
> 持って
> いますか

– ***Vous avez/Avez-vous*** ＋ 名詞 **?**

Exercice 5. 次の表現と「**Vous avez... ?**」を使って，隣の人と会話を作りなさい.
Faites un dialogue avec votre voisin(e) en utilisant les éléments ci-dessous.

une chemise en soie   une autre couleur   une plus petite
un autre modèle   une moins chère   Je vais réfléchir.
une autre taille

❓ 考えてみよう！ 命令文と代名詞

　目的語の代名詞に関して，次の肯定命令文には例外的なことが2つあります.
さて，それは何でしょうか.
　Montrez-moi cette montre, s'il vous plaît.
ヒント：上の命令文を vous で始まる普通の文と比べるとわかるよ.

Selon un sondage de l'institut Ipsos pour les supermarchés et hypermarchés Leclerc, les Français considèrent la mode comme un produit comme les autres : 7 Français sur 10 en achètent régulièrement.

Mais leurs habitudes de consommation quant à la mode ont changé. Les Français semblent dépenser raisonnablement pour les vêtements et accessoires de mode quand on les compare avec leurs voisins européens : ils dépensent 668 euros en moyenne par an pour leurs habits et chaussures alors que les Italiens dépensent 1000 euros par an. Les Français sacrifient facilement leurs dépenses pour la mode, ainsi, une acheteuse sur deux et un acheteur sur trois achètent occasionnellement des habits de seconde main. On revend ensuite l'article plus facilement aujourd'hui qu'avant. Pour beaucoup de Français, utiliser est actuellement plus important qu'avoir.

Source : Comment les Français consomment-ils la mode aujourd'hui ? (nouvellesconso.leclerc)

D'après l'institut Wavestone (2019), 54% des consommateurs préfèrent encore acheter en magasin leurs articles de mode plutôt que sur internet. Cependant, 52% des consommateurs suivent les marques de mode sur les réseaux sociaux. Et les produits de la mode représentent 44% des produits achetés en ligne par les consommateurs sur les conseils des influenceurs du net !

Source : 2019-FocusBarometre-VF-WEB.pdf (wavestone.com)

Selon l'institut Statista (2018), parmi les critères d'achat des vêtements, les Européens (dont 1000 répondants en France sur 13 800 personnes dans 17 pays) privilégient :

- le prix à 69%
- la qualité à 62%
- le style à 46%
- la composition à 22%
- la marque à 16%
- la provenance à 14%
- l'impact environnemental à 8%

Source : Habillement : critères d'achat Europe 2018 | Statista

Et vous, quelles sont vos habitudes de consommation quant à la mode ?

Vocabulaire
語彙

Les accessoires et les vêtements

un sac à main
ハンドバッグ

une broche
ブローチ

une montre
時計

un collier
ネックレス

une ceinture
ベルト

une cravate
ネクタイ

une bague
指輪

une boucle d'oreille
イヤリング

un pendentif
ペンダント

des chaussures
靴

une écharpe
マフラー

un portefeuille
財布

une chemise
シャツ

une robe
ドレス

une jupe
スカート

une veste
ジャケット

un tailleur
スーツ（女性用）

un collant
ストッキング

un chemisier
ブラウス

un costume
スーツ（男性用）

un jean
ジーンズ

un pantalon
ズボン

un chapeau
帽子

un T-shirt
Tシャツ

un slip / une culotte
下着

Quelques adjectifs

beau/belle
美しい

moche
ださい

grand(e)
大きい

petit(e)
小さい

élégant(e) = chic
格好いい，品のある

kit(s)ch
俗っぽい

cher/chère
高い

bon marché
安い

court(e)
短い

long(ue)
長い

serré(e)
きつい

grand(e)
ゆるい，大きい

Grammaire
文法

ポイント　1　名詞を修飾する形容詞は，ふつう名詞の後ろに置く.
● 形容詞の位置

> **原則：名詞＋形容詞**
> ただし，日常よく使われる次の形容詞（petit, grand, beau, joli, jeune, vieux など）は，ふつう名詞の前に置く
> 　注意：un petit gâteau → de(s) petits gâteaux

ce pull *noir*
la cuisine *française*
la musique *classique*
ma *petite* sœur
les *bons* restaurants
une *belle* exposition

ポイント　2　フランス語には，英語のように形容詞, 副詞に -erをつけて作るタイプの比較級はない.
● 形容詞の比較級

> 〜よりもっと…　**plus** ＋形容詞・副詞＋ **que** 〜
> 〜と同じぐらい…　**aussi** ＋形容詞・副詞＋ **que** 〜
> 〜ほど…でない　**moins** ＋形容詞・副詞＋ **que** 〜

Je suis *plus* grand *que* Jean.
Je suis *aussi* grand *que* Luc.
Je suis *moins* grand *que* Pierre.

＊bon の比較級は meilleur(e)（plus を使わない）：Ce gâteau est *meilleur que* cette tarte.

ポイント　3　形容詞の最上級につける定冠詞は，形容詞の性・数に一致して変化する.
● 形容詞の最上級

> 1）名詞の前につける形容詞の場合：
> 　**定冠詞＋ plus (moins) ＋形容詞＋名詞**
> 2）名詞の後につける形容詞の場合：
> 　**定冠詞＋名詞＋定冠詞＋ plus (moins) ＋形容詞**

1) *le plus* grand pull
　la plus grande veste
　les plus grandes chaussures
2) le sac *le moins* cher
　la langue *la plus* difficile

＊「…のなかで一番」の前置詞はふつう de で表す：l'étudiant le plus intelligent **de** la classe.
注意：bon の最上級は le / la meilleur(e) と言う：C'est la meilleure boutique du coin.
＊「一番好きな」を表すのに，préféré(e) を使う：Ma tarte préférée est la tarte au citron.

ポイント　4　指示形容詞と指示代名詞は「この」と「あの」を区別することもある.
● 指示形容詞と指示代名詞（2）

> 指示形容詞　　　　　　　　指示代名詞
> ce / cette / cet...-ci/-là　　celui-ci / celui-là / celle-ci / celle-là
> ceux / celles...-ci/-là　　ceux-ci / ceux-là / celles-ci / celles-là

＊対立に焦点を当てる時，指示形容詞の意味を -ci か -là で強めることがある：
　Ce livre-**ci** est intéressant, mais cette revue-**là** est ennuyeuse, tu ne trouves pas ?
＊指示形容詞に伴った同じ名詞の繰り返しを避けるのに，指示代名詞を使う：
　Ce livre est beaucoup plus intéressant que **ceux-là** (= **ces** livres-**là**).

ポイント　5　肯定の命令文では，目的語の代名詞は動詞の後に置く.
● 目的語代名詞の位置

> 1）肯定命令文：**動詞＋目的語の代名詞**〜
> 2）否定命令文：**Ne＋目的語の代名詞＋動詞＋ pas** 〜

1) Téléphonez-*moi* ce soir.
2) Ne *me* téléphonez pas ce soir.

注意：肯定命令文では，me, te の代わりに moi, toi を用いる.

Exercice　1　形容詞の位置を選んで，文を完成させなさい．性・数の一致に注意．
Complétez les phrases avec les adjectifs.

1. Tu as vu les *(petit)* ———————— chiens ———————— ?
2. J'aimerais bien voir le *(nouveau)* ———————— film ———————— de Spielberg.
3. C'est vraiment une *(confortable)* ———————— maison ———————— !
4. Elle voudrait acheter un *(pratique)* ———————— portefeuille ———————— pour son père.
5. Où est le rayon des *(frais)* ———————— légumes ———————— ?
6. Je n'aime pas du tout les *(trop épicé)* ———————— plats ———————— .

Exercice　2　比較級を使い，文を完成させなさい．性・数の一致に注意．
Complétez les phrases avec des comparatifs.

1. Le TGV est *(+ rapide)* ———————— ———————— ———————— le shinkansen.
2. Ce livre d'histoire est *(- intéressant)* ———————— ———————— ———————— ce magazine de sport.
3. Mon café est *(= fort)* ———————— ———————— ———————— un expresso !
4. Ton deuxième compte-rendu est *(+ bon)* ———————— ———————— le premier.
5. Cette maison est toujours *(= beau)* ———————— ———————— ———————— autrefois.
6. Je n'aime pas beaucoup cette robe : elle est *(- joli)* ———————— ———————— que l'autre.

Exercice　3　例にならって，最上級を使って，文を完成させなさい．性・数の一致に注意．
Complétez les phrases avec des superlatifs.

例 La Joconde est *(un tableau / + célèbre)* <u>le tableau le plus célèbre</u> de Léonard de Vinci.

1. L'Everest est *(une montagne / + haut)* ———————— du monde.
2. Est-ce que l'escargot est *(un animal / - rapide)* ———————— du monde animal ?
3. Voici *(une boutique de luxe / + cher)* ———————— de Paris !
4. Monica est *(mon amie / + bon)* ———————— !
5. Les accessoires de cette boutique sont de *(la qualité / + bon)* ———————— !

Exercice　4　指示詞の中から適当なものを選んで，文を完成させなさい．性・数の一致に注意．
Complétez les phrases avec la forme qui convient.

例 Ce tableau n'est pas aussi célèbre que ———————— → Ce tableau n'est pas aussi célèbre que *ce tableau-là / celui-là*.

1. Cette robe-ci est bien plus jolie que ———————— .
2. Dans ce restaurant, ce plat de viande est aussi délicieux que ———————— .
3. Pardon, vous avez ces modèles-là en magasin ? — Non, désolé, nous n'avons pas ———————— .
4. Cette radio est sympa, mais je préfère écouter NRJ. ———————— est plus à la mode.
5. Cette boutique est beaucoup moins chère que ———————— .
6. Vous désirez ces gants ? — Non, je voudrais ———————— .

Exercice　5　肯定文を否定文に，または否定文を肯定文に変えなさい．
Mettez une forme affirmative à la négative, et inversement.

1. Asseyez-vous !
2. Ne vous dépêchez pas !
3. Allons-y !
4. Ne le regarde pas et ne lui parle pas !
5. Montrons-lui les photos !
6. Essaye-les !

8 a

マスターしよう！

1. ～をお願いできますか
2. 注文する「～にします」
3. 助言をもとめる
4. すすめる
5. 味についての感想を言う
6. 「いつも～を食べ（飲み）ます」

会話 🔊 **56** **Au restaurant.**

le serveur :	Bonjour, messieurs dames !
la cliente :	Est-ce qu'on pourrait avoir une table pour trois, s'il vous plaît [plait] ?
le serveur :	Bien sûr. Par ici, je vous prie... Tenez, voilà la carte.

la carte
une table

●Grammaire **3**

～をお願いできますか

次の表現を使って，お互いに質問し，答えましょう．
Demandez à votre voisin(e).

Pourrais-je avoir *un/une/des* ＋名詞 ？
ou **Puis-je avoir *un/une/des* ＋名詞 ？**
（2人以上の場合）**Est-ce qu'on pourrait avoir *un/une/des* ＋名詞 ？**
ou **Peut-on avoir *un/une/des* ＋名詞 ？**

1. une table en terrasse   3. l'addition   5. une autre table

2. une autre fourchette   4. une carafe d'eau   6. deux verres de vin rouge

---

? 考えてみよう！   **直説法と条件法**

カフェやレストランでテラスの席に座りたい時，次のように言います．

Puis-je avoir une table en terrasse ?

Pourrais-je avoir une table en terrasse ?

Puis は pouvoir の「直説法」現在の活用形で，Pourrais は pouvoir の「条件法」現在の活用形です．直説法と条件法，どちらを使うかによって何かが異なります．さて，それは何でしょうか．

会話 🔊 **57 Commander.**

la serveuse :	Vous avez choisi, monsieur ?
la serveuse :	Vous avez choisi, monsieur ?
le client :	Je vais prendre le menu à 16 euros.
la serveuse :	Très bien. Qu'est-ce que vous prendrez ?
le client :	Comme entrée, je prendrai une salade niçoise.
la serveuse :	Et comme plat ?
le client :	Hum... Qu'est-ce que c'est, une ratatouille ?
la serveuse :	C'est une spécialité du sud de la France avec beaucoup de légumes. C'est très bon, je vous recommande ce plat.

> choisir
> *une* entrée
> *un* légume
> *une* spécialité

●Grammaire **1**

お互いに質問し，答えましょう. *Demandez à votre voisin(e).*

– **Qu'est-ce que vous** *prenez/prendrez* **?** ou **Vous avez choisi ?**
– **Comme** *entrée, je prends/je vais prendre/je prendrai* + **un/une/des** + 名詞**.**

注文する
「〜にします」

– **Qu'est-ce que c'est ?**
– **C'est** + 名詞**.**
– **Qu'est-ce que vous me** *recommandez/conseillez* **?**
– **Je vous** *recommande/conseille* **le/l'/la/les** + 名詞**.**

何ですか
助言をもと
める

Exercice 1. レストランでメニューを頼んで，次のコース料理を注文し，お勘定をするまでの会話を，客とウエーターになってしてみましょう.

Discutez avec votre voisin(e). Demandez la carte, commandez et demandez l'addition !

Menu à 16 € (Entrée+Plat ou Plat+Dessert)		**Menu à 20 €** (Entrée+Plat+Dessert)	
Entrée	**Plat**	**Dessert ou fromages**	**Boisson**
•Salade de tomates	•Steak frites	•Assiette de fromages	•Evian
•Salade de crudités	•Poulet rôti	•Glace	•Perrier
•Salade verte	•Entrecôte	•Sorbet	•Café
•Pâté de campagne	•Sole meunière	•Tarte tatin	•Thé

? 考えてみよう！ **単純未来**

　次の文で用いられている prendrai と prendrez は prendre の単純未来形です．現在形や近接未来形で言う場合とどのようなニュアンスの違いがあるのでしょうか.

Je *prendrai* une salade niçoise.　　　　Qu'est-ce que vous *prendrez* ?

会話 🔊 **58** Fin de repas chez des amis français.

délicieux reprendre volontiers	Lucas :	Vous reprendrez bien un peu de dessert ?
	Hikari :	Non merci. C'était délicieux. Mais je n'ai plus faim.
	Lucas :	Un café ?
	Hikari :	Oui, volontiers.

●Grammaire 1・2

すすめる：「〜をもう少しいかがですか」

お互いに質問し，答えましょう. *Demandez à votre voisin(e).*
(Vous reprendrez) encore un peu de ＋名詞 **?**

味についての感想を言う：「〜でした」

隣の人に自分の感想を言いましょう. *Dites votre sentiment à votre voisin(e).*
C'était vraiment ＋形容詞 **!**

Quelques adjectifs 形容詞 2

délicieux/succulent	bon	léger	froid	fade	trop sucré	trop salé
とてもおいしい	おいしい	軽い	冷たい	味がない	甘すぎる	塩辛すぎる

Exercice 2. 例にならって，文を作りなさい.
Faites comme dans l'exemple.

例 je trop courir dans le parc sympa avoir mal aux jambes
→ *J'ai trop couru dans le parc. C'était sympa, mais maintenant j'ai mal aux jambes.*

1. il bien manger délicieux ne plus avoir faim
2. je trop boire une très bonne bière ne plus avoir soif
3. il faire froid à Paris très beau être malade
4. elle sortir hier vraiment amusant être fatigué(e)

? 考えてみよう！ **半過去**

次の文で用いられている été は être の「半過去形」です.
C'était délicieux.

過去を表す時制としてはすでに第6課で「複合過去形」が出てきましたね. それでは，「複合過去形」と「半過去形」はどのように使い分ければいいのでしょうか.

会話 🔊 59　Parlons du petit déjeuner.

Kana :	Qu'est-ce que les Français prennent au petit déjeuner ?
Monsieur Lefort :	En général, les Français ne mangent pas beaucoup.
Kana :	Ah bon ?
Monsieur Lefort :	Oui, on boit du café ou du thé. On mange des tartines de pain avec du beurre ou de la confiture. De temps en temps, on prend un yaourt ou un fruit.

> *le* beurre
> boire
> *la* confiture
> de temps en temps
> manger
> *un* petit déjeuner
> *une* tartine

– **Qu'est-ce que vous prenez au petit déjeuner ?**
– **Je prends du/de l'/de la/des＋名詞 .**
　ou **Je mange du/de l'/de la/des＋名詞 .** ou **Je bois du/de l'/de la/des＋名詞.**

（いつも〜
食べ（飲み）
ます）

Exercice 3.　次の質問を使って，隣の人と会話しなさい.
　　　　　　Discutez avec votre voisin(e), en utilisant les questions ci-dessous.

　　　　　　1. À quelle heure vous prenez votre petit déjeuner ?
　　　　　　2. Est-ce que chez vous, on prend toujours le petit déjeuner en famille ?
　　　　　　3. Qu'est-ce que vous buvez au déjeuner et au dîner [diner] ?
　　　　　　4. À votre avis, quelles boissons sont les meilleures pour la santé ?
　　　　　　5. Qu'est-ce que vous n'aimez pas comme plat ou boisson ?

?　考えてみよう!　　**部分冠詞**

　　上の「会話」で，café, thé, beurre, confiture についている du とか de la は何でしょうか．実は，「部分冠詞」と呼ばれる冠詞なのです．英語と違って，このようにフランス語では数えられないものにも冠詞をつけるのです．

du ＋男性名詞　　　**de la** ＋女性名詞　　　**de l'** ＋母音で始まる名詞

　　部分冠詞と不定冠詞は次のように使い分けます．

数えられるもの　→　不定冠詞　　　un yaourt　　une orange　　des fruits
数えられないもの　→　部分冠詞　　　du café　　de la confiture　　de l'eau

- Comme le laisse apparaître [apparaitre] une enquête par la fondation Pileje en 2020, la pandémie de Covid a grandement changé les habitudes des Français quant à la prévention des maladies. Les Français ont ainsi adopté les gestes barrières (se laver et se désinfecter les mains, garder une distance physique avec les autres, porter le masque, etc.) et ceux-ci vont s'installer durablement dans les modes de vie pour trois Français sur quatre même après la fin de cette crise sanitaire. Ainsi,

74 % des Français vont moins souvent faire la bise.

73 % des Français vont moins souvent serrer la main.

73 % des Français vont mieux nettoyer et aérer leur intérieur.

- La santé est aussi devenue le premier souci des Français (37%) devant la menace terroriste (33%) et la préservation de l'environnement (28%).

- Mais comparé à une enquête similaire de 2019, la Covid a fait baisser les bonnes pratiques en matière de prévention chez les Français, même s'ils sont conscients des bienfaits pour leur santé.

57 % seulement des Français mangent plus sainement contre 71 % en 2019.

50 % seulement font 30 minutes de sport par jour contre 59 % en 2019.

48 % seulement font plus attention à la consommation d'alcool contre 59 % en 2019.

Source : Sondage : les Français et la prévention santé – Fondation Pileje (fondation-pileje.com) (2020)

Les aliments　食物と飲物

la viande
肉

le poisson
魚

cotcot
le poulet
鶏肉

le canard
鴨肉

grouik
le porc
豚肉

meuh
le bœuf
牛肉

le lapin
うさぎ（肉）

le jambon
ハム

les moules
ムール貝

les fruits de mer
海の幸

les pâtes
パスタ

le riz
ご飯

le pain
パン

la salade
サラダ

les œufs
たまご

la soupe
スープ

les frites
フライドポテト

les légumes
野菜

les fruits
果物

la confiture
ジャム

le fromage
チーズ

le yaourt
ヨーグルト

le beurre
バター

la glace
アイスクリーム

le gâteau
ケーキ

le chocolat
チョコレート

les bonbons
キャンディ

le lait
牛乳

le café
コーヒー

le thé
お茶，紅茶

l'eau minérale
ミネラルウォーター

les jus de fruit
フルーツジュース

le vin
ワイン

la bière
ビール

Grammaire
文法

ポイント　1　単純未来形の活用語尾は，「r + avoir の直説法現在形の活用形（nous, vous は「av-」を取る）」．

● 単純未来形の活用：prendre　🔊 **61**

je	prend*rai*	nous	prend*rons*
tu	prend*ras*	vous	prend*rez*
il	prend*ra*	ils	prend*ront*
elle	prend*ra*	elles	prend*ront*

主な不規則動詞：95 頁を参照

単純未来形の語幹は多くの動詞において不定詞の語尾を取ってつくる：
1) 不定詞 − er →「現在形の je の活用形」
　　aimer → aime → j'aime*rai*
2) 不定詞 − ir → r を取る
　　finir → fini → je fini*rai*
3) 不定詞 − re → re を取る　（左の活用表を参照）

● 単純未来形の用法

> 1）未来のことを表す
> 2）命令・依頼・誘いを表す
> 3）断定的語調の緩和を表す

1) Tu m'écriras de temps en temps ?
2) Je vous demanderai le silence, s'il vous plaît [plait]. （クラスなどで）
3) Qu'est-ce que ce sera, messieurs dames ? （レストランで）

＊1) の用法は，a) 自然のなりゆきで実現されること，b) 現在の状況とは関係なく将来実現される可能性のあることを表す．（→近接未来）
　　a) Dans dix ans, j'*aurai* trente ans. 　b) Quand je serai grand, je *serai* vétérinaire.

ポイント　2　半過去形（1）：être と avoir と規則動詞の半過去形　🔊 **62**

j'	ét*ais*	nous	ét*ions*	j'	av*ais*	nous	av*ions*
tu	ét*ais*	vous	ét*iez*	tu	av*ais*	vous	av*iez*
il	ét*ait*	ils	ét*aient*	il	av*ait*	ils	av*aient*
elle	ét*ait*	elles	ét*aient*	elle	av*ait*	elles	av*aient*

規則動詞は不定形の語尾 -er を取り，半過去形の語尾をつける：porter → je port*ais*
半過去形は過去における状態を表すものである．
Hier, il était bien malade. Il a même vomi !
J'avais dix ans. Et un jour, ma mère est partie du foyer.
Elle pensait à ses parents dans les moments difficiles.
注意：être と avoir の複合過去形は過去における出来事を表す．
Il a été surpris par cette bonne nouvelle ! 　Ma fille a eu 10 ans hier !

ポイント　3　条件法現在形の活用形は「単純未来形の語幹 ＋ r ＋ 半過去の活用語尾」．

● 条件法現在形の活用：aimer　🔊 **63**

j'	aime*rais*	nous	aime*rions*
tu	aime*rais*	vous	aime*riez*
il	aime*rait*	ils	aime*raient*
elle	aime*rait*	elles	aime*raient*

＊単刀直入に断定的に言いたい時には「直説法」を，断定を避け，語調を和らげてていねいに言いたい時には「条件法」を用いる．
Est-ce qu'on **peut** / **pourrait** avoir une carafe d'eau ?

Exercice 1 単純未来形を使って文を完成させなさい. *Conjuguez au futur simple.*

1. Je *(ne pas partir)* ------------------------------------- étudier en France l'an prochain.
2. Tu *(pouvoir)* ------------------------------- venir à ma fête d'anniversaire, dimanche ?
3. Ils *(travailler)* --------------------------------- tout l'été pour gagner un peu d'argent.
4. Mon fils *(entrer)* ------------------------------- au collège en septembre prochain.
5. *(il y a)* ----------------------------- une exposition Picasso en juillet !
6. Nous *(voir)* ------------------------------ nos grands-parents ce week-end et nous *(aller)*
   ----------------------------- à la fête foraine.

Exercice 2 カッコの中の動詞を，文の前半は直説法現在形に，文の後半は単純未来形に活用させなさい. *Conjuguez au présent de l'indicatif et au futur simple.*

1. *(manger)* D'habitude nous ---------------- chez moi, mais ce soir nous ---------------- au restaurant.
2. *(aller)* Elle ne ---------------- pas au cinéma aujourd'hui. Elle ---------------- samedi soir.
3. *(être)* Je ne ---------------- pas riche, mais un jour je ---------------- millionnaire.
4. *(faire)* Les enfants, vous ---------------- vos devoirs maintenant. Vous ---------------- des jeux vidéos plus tard !
5. *(avoir)* Elle n' ---------------- pas le temps de finir son travail maintenant. Elle en ----------------
   demain.

Exercice 3 下記の文の動詞を半過去形か複合過去形に活用させなさい. *Conjuguez les verbes à l'imparfait ou au passé composé.*

1. Marjorie *(avoir)* les yeux clairs. Elle *(porter)* des robes bleues. Elle *(aimer)* la musique. Elle *(avoir)* seulement 10 ans. Mais hier elle *(avoir)* un accident de cheval.
2. Je *(être)* à la terrasse d'un café. Soudain, *(il y a)* un bruit dans la rue. Une voiture *(heurter)* un lampadaire ! Je crois que le chauffeur *(être)* très surpris.
3. Les voleurs *(être)* deux. Ils *(avoir)* chacun un pistolet. Les clients de la banque *(être)* choqués quand ils *(entrer)* soudain. Quand la police *(arriver)*, ils *(être)* déjà en fuite.

Exercice 4 カッコの中の動詞を条件法現在形に活用させなさい. *Écrivez la bonne forme verbale (conditionnel).*

1. Vous *(venir)* ---------------- avec moi au cinéma un jour ?
2. Ma mère *(aimer)* ---------------- aller au festival de Cannes l'année prochaine.
3. Quel ensemble vous *(vouloir)* ---------------- essayer, madame ?
4. Est-ce que tu *(avoir)* ---------------- le numéro de téléphone de Léa ?
5. Nous *(pouvoir)* ---------------- demander au professeur.
6. Je *(prendre)* ---------------- bien une salade lyonnaise, en entrée.

Exercice 5 条件法現在形にして，文全体を書き直しなさい. *Réécrivez les phrases au conditionnel présent.*

1. Est-ce que je peux avoir 10 timbres à 1,43 euro, s'il vous plaît [plait] ?
2. Pouvez-vous m'aider à porter mes valises jusqu'à ma chambre ?
3. Tu as le temps d'y aller avec moi, s'il te plaît [plait] ?
4. Je veux une nouvelle robe pour mon anniversaire.
5. Est-ce qu'il y a des cabines d'essayage ?
6. Vous avez le dernier Houellebecq en rayon ?

マスターしよう！

1. おすすめをたずねる
2. 助言・推薦する
3. 仮定的に言う
4. 「〜したばかり」
5. 「〜している最中です」
6. 義務・禁止について言う

会話 🔊 **64** À l'office du tourisme. (1)

conseiller

Liv : Pour bien manger, qu'est-ce que vous me conseillez comme restaurant ?

l'employé : Si vous voulez bien manger, il faut aller à Louis Vins. C'est le meilleur restaurant de Paris ! En plus, il y a un menu à 15 euros, le midi.

● Grammaire **1** ・ **2** ・ **3**

おすすめを
たずねる，
助言する

次のパターンを使って会話してみましょう. *Demandez à votre voisin(e).*

– **Si je veux** ＋ 不定詞 **, qu'est-ce que vous me conseillez ?**

– **Si vous voulez** ＋ 不定詞, │ **il faut** ＋ 不定詞.

　　　　　　　　　　　　　　│ **je vous conseille de** ＋ 不定詞.

　　　　　　　　　　　　　　│ **vous devriez** ＋ 不定詞.

1. voir des beaux paysages au Japon
2. passer des vacances agréables en été
3. voir des estampes japonaises
4. acheter des vêtements chics, à la mode et pas trop chers
5. se changer les idées ce week-end [weekend] （代名動詞に注意）

? 考えてみよう！　　**人称代名詞（1）**

次の文を自然な日本語に訳してみてください.

Qu'est-ce que vous *me* conseillez comme restaurant ?　　　– Je *vous* conseille d'aller à Louis Vins.

　代名詞（vous, me, je）を日本語に訳して文を作ると不自然な感じがしますね．どうしてでしょうか？ひとつには，「XがYに○○をする」という（恩恵）関係を，フランス語では代名詞で明確に表すのに対して，日本語ではあえてそうしないからです．上の例文の場合は，日本語には動作の方向を示す「やりもらい動詞」（あげる，やる，くれる，もらう）があることも関係しています．

会話 🔊 **65** À l'office du tourisme. (2)

Liv :	Je voudrais faire une excursion d'une journée. Si possible, demain. Vous me recommandez quel endroit intéressant ?
l'employé :	Si vous aimez les beaux panoramas, nous avons une excursion au Mont Saint-Michel.
Liv :	C'est combien par personne ?
l'employé :	80 euros, déjeuner compris.

> *un* beau panorama
> ... compris
> *un* endroit
> *une* excursion
> *une* journée

●Grammaire **3**

Exercice 1. 次の表現を使い，左と上の2つの会話を参考に，別の会話を作りなさい．
Inspirez-vous des dialogues 64 et 65, et faites de nouveaux dialogues en utilisant les éléments ci-dessous.

A. ***Vous voulez*** : voir un opéra demain soir, deux places bon marché.
   Vous aimez : la musique classique, les salles de concerts.
   On vous propose : « *Les Noces de Figaro* » de Mozart, à 21 heures.
   La place la moins chère fait 156 euros.

B. ***Vous voulez*** : réserver une chambre double, avec douche, pour deux nuits.
   Vous aimez : les hôtels sûrs, pas trop chers et bien situés.
   On vous propose : l'hôtel du Lion (2 étoiles)
   dans le 14ᵉ (quatorzième) arrondissement de Paris,
   140 euros la nuit et 10 euros le petit déjeuner.

C. ***Vous voulez*** : dîner [diner] dans un restaurant chic, avec vue sur la tour Eiffel
   ou les Champs-Élysées.
   Vous aimez : les terrasses avec de belles vues, la musique au piano et violon.
   On vous propose : le Terrass Hôtel, un bistro avec la cuisine d'un ancien chef
   de la Tour d'Argent, avec une vue impressionnante sur la
   capitale, et un bar sur le toit ouvert jusqu'à 10h30 avec
   des plats principaux à partir de 28 euros.

? 考えてみよう！ **人称代名詞（2）**

次の2つの文はどのように使い分けるのでしょうか．
1) Vous devez aller à Fontainebleau.　　2) Il faut aller à Fontainebleau.

　この問題は，人称構文と非人称構文との違いに関係しています．人称構文を使えば，「誰が何をする」のかが，この場合は「～する義務を課すのはあなた自身である」ことが明確に示されます．明確に示すのを避け，一般的なこととして表現したい時には非人称構文を使います．

9 b

会話 🔊 **66** **Exprimer la condition.**

peut-être sinon	Lucas :	S'il fait beau ce week-end, qu'est-ce que vous ferez ?
	Yuki :	S'il fait beau, j'irai me promener.
	Lucas :	Et s'il pleut ?
	Yuki :	Je ne sais pas encore. J'irai peut-être au cinéma, sinon je resterai chez moi.

●Grammaire **3**

仮定的に言う

「もし … なら，… するでしょう」 **Si** ＋直説法現在 , 直説法単純未来 .
「もし … なら，… するのに」　　 **Si** ＋直説法半過去 , 条件法現在 .

Exercice 2.　次の文を完成させなさい．後半の文の時制に注意！
Terminez les phrases.

1. S'il neige beaucoup en janvier, ...
2. S'il pleut ce week-end, ...
3. Si je me lève trop tard demain matin, ...
4. Si j'arrive en avance à l'université, ...
5. Si j'ai de la fièvre ce soir, ...
6. Si je perds mon portable, ...
7. Si je rate mon examen de français en fin de semestre, ...
8. S'il fait plus de 35 degrés cet été, ...
9. Si je gagne 100 000 euros au loto, ...
10. Si je veux progresser en français, ...

Exercice 3.　トラック 66 の会話の最後の文にならって peut-être と sinon を使い次の質問に答えなさい．
Répondez aux questions suivantes en utilisant les expressions « peut-être » et « sinon » comme dans la dernière parole du dialogue de la piste 66.

1. Qu'est-ce que vous avez l'intention de faire ce week-end ?
2. Qu'est-ce que vous ferez si vous deveniez milliardaire ?
3. Qu'est-ce que vous voulez faire pendant les vacances de fin d'année ?
4. Ça vous dirait d'aller une semaine en France avec moi ?

？ 考えてみよう！　**2 つのパターンの違い**

　「Si + 直説法現在，直説法単純未来」は単なる仮定を表すだけですが，「Si + 直説法半過去，条件法現在」は事実に反する仮定を表します．
S'il *fait* beau demain, j'*irai* me promener.　　S'il *faisait* beau, j'*irais* me promener.
　「Si + 直説法半過去，条件法現在」のパターンが使われている 2 番目の文は，「天気がよければ，散歩に出かけるのだが，でも天気が悪いので散歩に出かけられない」という意味です．英語の仮定法と同じことですね．

会話 🔊 67 Au téléphone.

Yoshie :	Allo, Luc ? Tu vas bien ?
Luc :	Oui, très bien. Je viens de rentrer. Et toi, quoi de neuf ?
Yoshie :	Il est bientôt midi. Et je vais aller déjeuner au bistrot avec Franck. Tu viens avec nous ?
Luc :	Désolé, mais je suis en train de travailler. Si j'avais le temps, je viendrais volontiers. Mais je dois absolument finir avant 16h00.

●Grammaire **2**・**4**

~したばかり/ところ： **venir** の直説法現在＋ **de** ＋不定詞
~している最中： **être en train de** ＋不定詞
~する予定/つもり： **aller** の直説法現在＋不定詞

近接過去
近接未来

~しなければならない： **devoir** ＋不定詞
~してはいけない： **ne pas devoir** ＋不定詞

義務を言う
禁止を言う

Exercice 4. 近接過去形，または近接未来形の文を 3 つ作りなさい．
Rédigez trois phrases au passé proche et au futur proche.

? 考えてみよう！ **être en train de ＋不定詞**

「être en train de ＋不定詞」は，英語の現在進行形「be 動詞＋現在分詞」に相当するのでしょうか．次の例を見てください．
Qu'est-ce que tu fais ? (*What are you doing ?*) ― J'écris une lettre. (*I am writing a letter.*)
上の例を見てわかるように，フランス語の現在形は，英語と違って，現在進行中の動作も表します．「être en train de ＋不定詞」(Je suis en train de t'écrire.) を用いるのは「~している最中です」と動作が進行中であることを特に強調したい場合です．

 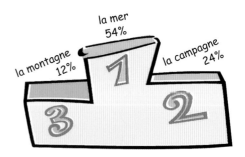

Question 1 : Parmi les destinations suivantes, laquelle vous plairait le plus pour des vacances d'été ?

la mer 54%

la montagne 12%

la campagne 24%

Seuls 9% des vacanciers voudraient passer leurs vacances en ville. Cependant en cas de voyage à l'étranger, ils sont 21% à désirer rester en ville, pour les visites culturelles notamment.

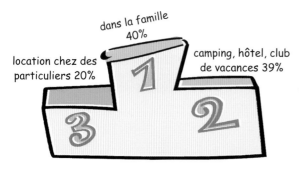

dans la famille 40%

location chez des particuliers 20%

camping, hôtel, club de vacances 39%

Question 2 : Dans quel logement de vacances pensez-vous séjourner ?

Les habitudes des Français ne semblent ainsi pas être influencées par les multiples confinements durant la période de pandémie de Covid, sauf concernant la destination géographique. En effet, la plupart des Français ont préféré rester en France dans la période après la pandémie plutôt que d'aller à l'étranger (8%).

Et vous, comment passerez-vous vos prochaines vacances ?

Source : Les français et leurs intentions de départ en vacances - BVA Group (bva-group.com) (2020)

Exercice 5. 例にならって会話をしなさい.
Faites une conversation en vous inspirant de l'exemple ci-dessous.

例 partir en vacances cet été (où)
　　− Où penses-tu partir en vacances cet été ?
　　− Je pense ...

1. aller au cinéma ce week-end (avec qui)
2. faire ce soir (quoi)
3. aller au match de base-ball la prochaine fois (comment)
4. dépenser pour ton déjeuner aujourd'hui (combien)

Les Fêtes en France

Connaissez-vous ces fêtes ?
Quand ont-elles lieu ? Que fait-on en France ce jour-là ?
Les fête-t-on au Japon ?

2. Pâques

3. le Réveillon
de la Saint Sylvestre

1. Noël

4. l'Épiphanie

5. la Fête Nationale

6. les Armistices
des Guerres mondiales

Exercice 6.　例にならって，隣の人と日本のいくつかの行事についての文章を書いてみましょう．

Avec votre voisin(e), préparez un petit texte qui présente quelques fêtes du Japon.

例　– Quelles sont les fêtes importantes au Japon, en <u>février</u> ?

– Le 2 ou le 3 février, on fête le setsubun : on chasse l'hiver pour appeler le printemps.
Dans les temples, on chasse des démons rouges et bleus avec des pois de soja. On
dit : « Le bonheur, dedans ! Les démons, dehors ! »
Le 14, pour la Saint-Valentin, les Japonaises offrent
des chocolats à leur amis ou à leur petit copain.

Grammaire
文法

ポイント　1　　**目的を表す時，「前置詞 pour ＋ 不定詞」.**

Il travaille beaucoup cet été pour économiser de l'argent.

Pour aller à la gare, prenez le bus ! C'est plus rapide.

ポイント　2　　**義務・必要性を表す.**

● falloir

falloir 動詞は非人称代名詞の il としか使わない.

「il faut ＋不定詞」　　〜しなければならない　　Il faut étudier sérieusement.

「il faut ＋名詞」　　〜が必要である　　Il faut de la farine pour faire un gâteau.

否定文では，「**il ne faut pas** ＋不定詞」　　〜してはいけない

　　Il ne faut pas traverser le carrefour en voiture au feu rouge.

falloir 動詞の主語は間接目的語代名詞で表せる.

　　Il lui faudra apprendre l'anglais pour faire des recherches plus tard.

falloir の主な形：il faut / il faudra / il a fallu / il fallait / il faudrait

● devoir

活用（直説法現在形）　🔊 **69**

je	**dois**	nous	dev**ons**
tu	**dois**	vous	dev**ez**
il	**doit**	ils	**doivent**
elle	**doit**	elles	**doivent**

その他の時制：
je devrai
j'ai dû
je devais
je devrais

「devoir ＋不定詞」〜しなければならない：Je dois préparer mes bagages.

否定文では，「**ne pas** devoir ＋不定詞」〜してはならない：Je ne dois pas oublier mon passeport.

devoir の条件法現在形は助言を表す：Tu devrais faire des efforts !

ポイント　3　　**単なる条件を表す時，条件節で直説法現在形，結果節で単純未来形.**

● 条件節で，未来における単なる仮定を表す用法

> Si＋直説法現在, …単純未来形.

S'il pleut, je ne sortirai pas ce soir.
Si Marie ne téléphone pas ce matin, je l'appellerai.

話し言葉の場合には，後半文は単純未来形でなく近接未来でも OK !

　　S'il fait beau dimanche, je **vais aller** à la campagne.

後半文は直説法現在形，または命令形でも OK !

　　Si tu es malade, il ne faut pas sortir ce soir.　　Si tu es malade, ne sors pas !

ポイント　4　　**事実に反する仮定を表す時，条件節で半過去，結果節で条件法.**

> Si＋直説法半過去形, …条件法現在形.

Si j'étais français, j'habiterais en Provence.
Si tu étais plus riche, qu'est-ce que tu ferais ?

＊直説法半過去形の活用形は，第 8 課ポイント 2，第 10 課ポイント 1 を参照. 条件法現在形の活用形は，第 8 課ポイント 3 を参照.

Exercice　1　目的を表す文を作りなさい.

Faites des phrases avec « pour + infinitif » et « devoir » au conditionnel.

例 *(tu)* Pour réussir ton examen, tu devrais réviser plus sérieusement.

1. *(tu)* faire ce plat chinois / utiliser la recette
2. *(je)* utiliser internet pendant mon voyage / trouver un accès WiFi gratuit
3. *(ils)* prendre ce TGV / faire une réservation au plus vite
4. *(nous)* parler mieux français / étudier au moins un an en France

Exercice　2　il faut の代わりに devoir を使い，下記の文を書き直しなさい.

Réécrivez les phrases en utilisant « devoir » au lieu de « il faut ».

1. Il nous faut partir tôt demain.
2. Il vous faudra régler la chambre à votre arrivée.
3. Il m'a fallu appeler les pompiers lors de la tempête.
4. Il te fallait juste appuyer sur ce bouton pour allumer l'appareil !
5. Il va lui falloir dire la vérité à son meilleur ami.

Exercice　3　「Si + 直説法現在形，命令形」の文を作りなさい.（目的語代名詞と否定形の位置に注意）

Faites des phrases sur le modèle « Si + présent de l'indicatif, impératif.»

1. Si tu ne *(vouloir)* ---------------- pas le faire, alors *(ne pas le faire)* ---------------- !
2. Si ton téléphone ne *(marcher)* ---------------- plus, *(le changer)* ---------------- !
3. Si Fabienne n'*(aimer)* ---------------- pas le chocolat, *(lui donner)* ---------------- plutôt un fruit !
4. Si nous *(avoir)* ---------------- le temps, *(ne pas se dépêcher)* ---------------- !
5. Si Cathy ne *(venir)* ---------------- pas maintenant, alors *(commencer)* ---------------- sans elle !

Exercice　4　「Si + 直説法現在形，単純未来形」の文を作りなさい.

Mettez les verbes entre parenthèses au temps qui convient, pour exprimer l'hypothèse sur le futur.

1. Si Jeanne ne *(partir)* ------------- pas en voyage, qu'est-ce qu'elle *(faire)* ------------- cet été ?
2. Si mes parents nous *(donner)* ------------- de l'argent, on *(pouvoir)* ------------- acheter un nouvel ordinateur.
3. Si vos bagages n'*(arriver)* ------------- pas, nous *(appeler)* ------------- la compagnie aérienne.
4. Si madame Legrand *(aller)* ------------- mieux demain, elle *(venir)* ------------- avec nous.
5. S'il *(faire beau)* ------------- dimanche, elle *(aller)* ------------- au château de Versailles.

Exercice　5　「Si + 直説法半過去形，条件法現在形」の文を作りなさい. *Faites des phrases selon le modèle.*

例 je / avoir le choix / aimer habiter à New York → *Si j'avais le choix, j'aimerais habiter à New York.*

1. je / être riche / acheter une villa à Nice
2. on / gagner au loto / faire un tour du monde
3. nous / pouvoir partir en vacances cet été / aller à Venise et à Florence
4. elles / faire un petit boulot le week-end [weekend] / faire des économies
5. je / devoir étudier en France / choisir une université en province

10 a

マスターしよう！

1.「〜を盗まれました」
2. 過去の出来事・状況・
   状態を述べる
3. 別れの挨拶を言う

会話 🔊 70　Dans une rue à côté de Notre-Dame.

Au secours !	**Wakana :** Arrêtez-le ! Au secours ! Au voleur !
des affaires	**un passant :** Qu'est-ce qui se passe, mademoiselle ?
terrible	
voler	**Wakana :** On a volé mes affaires...
un voleur	Oh, non ! C'est terrible !

〜が盗まれ
ました

- **On a volé mon/ma/mes** ＋名詞**.**
- **Ce n'est pas possible !** ou **Ce n'est pas vrai !** ou **Oh, non !**

Exercice 1.　「on ＋複合過去形」を使って文章を作りなさい.
　　　　　　Faites des phrases en utilisant « on + passé composé ».

1. voler mon smartphone
2. m'insulter
3. casser mes lunettes
4. fouiller dans mes affaires

5. dérober mes données personnelles
6. égarer mes bagages à l'aéroport
7. déchirer mes papiers
8. me bousculer

? 考えてみよう！　　**能動態と受動態**

　«On a volé mes affaires. ».，日本語だったら「持ち物を盗まれました」といいますね．フランス語では
能動態で表現しているのに，日本語では受動態で表現します．フランス語にももちろん受動態（「être＋
過去分詞」）はありますが，英語や日本語ほど使われません．フランス語は，出来事を「X（動作主）が
Yをする」というパターンでとらえようとする傾向の強い言語なのです．ところで，日本語の「持ち物
を盗まれました」は，「間接受身」と呼ばれる受身文です．「雨に降られた」もそうですが，「être＋過去
分詞」の受動態を用いてフランス語に直訳することはできません．

会話 🔊 **71 Au commissariat de police. (1)**

l'inspecteur de police :	Asseyez-vous ! ... Alors, qu'est-ce qui s'est passé ?
Wakana :	Il était environ 16h00. J'étais à la terrasse d'un café près de Notre-Dame. Je regardais mon guide touristique en prenant un café. Mon appareil photo et mon sac étaient posés sur la table, quand soudain quelqu'un les a pris et est parti en courant !

> commencer à quelqu'un
> partir en courant
> être posé(e) sur...
> soudain

Elle commence à pleurer.

Wakana :	Qu'est-ce que je vais faire maintenant ?

● Grammaire 1 ・ 2 ・ 5

Exercice 1. 例にならって，刑事さんの質問に半過去を使って答えなさい.
Répondez à la question en utilisant l'imparfait.

例 – Qu'est-ce que vous aviez dans votre sac ?
　　– J'avais...

des cartes de crédit japonaises

un portemonnaie

un smartphone

environ 500 euros en liquide

un passeport

une trousse de maquillage

du gel hydroalcoolique

la clé de la valise

un masque

❓ 考えてみよう！ 半過去の用法（1）

　複合過去形は過去の出来事・状態を「完了したものとして」，半過去形は「未完了なものとして」表現したい時に用います．このことを上の会話を例にして見てみましょう．「誰かがワカナさんのバッグを取る」という行為を複合過去形で表現することによって，その行為はすでにおこなわれたこと，完了したこととして表されています．それに対して，ワカナさんが観光ガイドブックを見る」という行為は半過去形で表現することによって，その行為は，過去のある時点（「誰かがワカナさんのバッグを取る」という行為がおこなわれた時）にまだ未完了で進行中・継続中であったこととして表されています．この半過去の用法は，英語の過去進行形と似ていますね．

会話 🔊 **72 Au commissariat de police. (2)**

des cheveux décrire se souvenir physiquement	

l'inspecteur :	Vous pouvez me décrire votre voleur ?
Wakana :	Euh… Je ne me souviens pas très bien. Il portait un blouson noir. Non, il était bleu ! Il avait un jean, je crois.
l'inspecteur :	Et il était comment physiquement ?
Wakana :	Il avait les cheveux courts et il n'était pas très grand, 1,70 m environ.

●Grammaire **1**

Exercice 2.   3人の目撃者の中で事実に一番近い証言をしているのは誰でしょう？
Parmi ces trois témoins, lequel est le plus proche de la réalité ?

Témoin A

Oui, j'ai vu le voleur. C'était un homme d'1,70 m. Il courait très vite.

Il avait les cheveux noirs assez longs et il portait un jogging noir.

Témoin B

C'était un homme d'1,70m-1,80m, plutôt jeune, avec les cheveux courts.

Il portait un blouson bleu… Je ne me souviens plus très bien.

Témoin C

Mais non ! Ne les écoutez pas, inspecteur ! C'était une jeune femme, de 20 ans environ. Une petite brune aux cheveux courts, d'1,60 m environ. Elle était plutôt belle. Elle était en bleu avec des baskets blanches.

❓ 考えてみよう！　半過去の用法（2）

　半過去の用法は英語の過去進行形とまったく同じでしょうか？たとえば，上の会話で使われていた次の文を見てください．

Il avait les cheveux courts et il n'était pas très grand.

　これらの文を英語の過去進行形を用いて訳すことはできませんね．次の文についても同様です．

Quand j'étais étudiant, je sortais avec Françoise presque tous les soirs.

会話 🔊 **73** Yoshie dit au revoir à sa famille d'accueil.

Yoshie :	Merci beaucoup pour tout. J'ai passé des moments inoubliables avec vous. C'était formidable !
Monsieur Legrand :	Ce n'est rien... C'est nous qui avons été heureux de t'avoir à la maison. Reviens quand tu veux, Yoshie ! Tu seras toujours la bienvenue.
Yoshie :	Merci. Moi aussi, je ne vous oublierai jamais... Vous viendrez un jour au Japon ?

> être le/la bienvenu(e)
> *un* moment
> inoubliable
> revenir

●Grammaire **1** · **3** · **4**

Exercice 3. 別れの挨拶の文を作り直しなさい. *Recomposez les phrases.*

1. Ça m'a fait plaisir	•	•	au Japon !
2. J'espère	•	•	de te rencontrer.
3. J'ai été heureuse	•	•	vous revoir un jour.
4. Bon retour	•	•	nous manquer.
5. Ravi(e)	•	•	encore pour tout !
6. Merci	•	•	de vous avoir rencontré(e).
7. Tu vas	•	•	de faire ta connaissance.

Exercice 4. 隣の人と，上の会話の続きを作って，ロールプレイしなさい.
Imaginez la fin du dialogue ci-dessus avec votre voisin(e) et jouez la scène.

Exercice 5. 日本へ帰国してからホストファミリーにお礼の手紙を書いてみましょう．これからしようと心に
決めたことについても書きなさい.
Écrivez une lettre de remerciements à votre famille d'accueil, à votre retour au Japon. Indiquez aussi les résolutions que vous avez décidé de prendre.

? 考えてみよう！ **強調構文**

上の会話で使われていた次の文は，「Nous avons été heureux de t'avoir à la maison.」という文とはど
のように使い分けるのでしょうか.
C'est nous *qui* avons été heureux de t'avoir à la maison.
ヒント：この文は英語の強調構文に相当します.

Écrire une carte postale

À faire avec votre professeur.

(Carte postale avec timbre « Poste des Souris 70 »)

練習 🔊 74 # De 60 à 2010   60～2010まで数える

数字をよく聞き，自分で言えるように覚えてください．そして，隣の人とディクテーションをやってみましょう． *Écoutez et retenez ces chiffres, puis dictez-en à votre voisin(e).*

60	61	62
soixante	soixante et un*	soixante-deux
70	71	72
soixante-dix	soixante et onze*	soixante-douze
80	81	82
quatre-vingts	quatre-vingt-un	quatre-vingt-deux
90	91	92
quatre-vingt-dix	quatre-vingt-onze	quatre-vingt-douze

100	101*	120*	200*	201*	1000	2030*
cent	cent un	cent vingt	deux cents	deux cent un	mille	deux mille trente

＊新しい綴り字では，すべての数の間にハイフンを入れる．

Les spécialités de France　フランスの名物

パリでもいろいろな地方の料理が食べられます．すべての地方を回る時間がない人は，パリにあるそれぞれの専門店をめぐり，それぞれの地方へ行った気分を味わってみてはどうでしょうか．

ガレット

シュークルート

地方料理のグルメマップ

ブルターニュ，ノルマンディー地方

クレープ Crêpe
ガレット Galette（そば粉を使ったクレープ）
シードル Cidre（りんご酒）
カマンベール Camembert
トゥルー・ノルマン（Calvados につけたりんごの入ったシャーベット）

オ・ド・フランス地方

ムール貝・フライドポテト
　　　　　　　　　Moules-Frites
ビール　Bières du Nord

グラン・エスト地方

シャンパン Champagne
シャルキュトリー Charcuterie
（豚肉加工品）
シュークルート Choucroute
キッシュ・ロレーヌ Quiche lorraine
白ワイン Sylvaner
ビール Bières d'Alsace

南西部，オクシタニー地方

ボルドーワイン Bordeaux（vin）
フォアグラ Foie gras
鴨のコンフィ Confit de canard
トリュフ Truffe
カスレ Cassoulet（白いんげん豆と肉類の煮込み）
鶏のバスク風 Poulet basquaise
プルーンケーキ Tarte aux pruneaux
ハム Jambon de Bayonne

ブルゴーニュ・フランシュ・コンテ地方

赤ワインとボジョレー（Beaujolais）
ブッフ・ブルギニョン Bœuf bourguignon（牛肉の赤ワイン煮込み）
エスカルゴ Escargots
（ディジョンの）マスタード
　　　　　　　　　Moutarde

プロヴァンス，コートダジュール地方

オリーブオイル Huile d'olive
魚介類 Poissons
ラタトゥイユ Ratatouille
ニース風サラダ Salade niçoise
ブイヤベース Bouillabaisse（魚介スープ）

オヴェルニュ・ローナルプ地方

クネル Quenelles（魚・鳥などのすり身）
ブレス産の鶏 Poulet de Bresse
タルティフレット Tartiflette（じゃがいものグラタン）
フォンデュ Fondue
ラクレット Raclette

鴨のコンフィ

ブイヤベース

エスカルゴ

photos: Sumiyo IDA

Grammaire
文法

ポイント 1 半過去形（2）：語幹は，直説法現在 nous の活用形から「-ons」を取って作る.

例：prendre　現在形：nous prenons → pren- → 半過去形：je prenais

je	pren*ais*	nous	pren*ions*
tu	pren*ais*	vous	pren*iez*
il / elle	pren*ait*	ils / elles	pren*aient*

🔊 75

半過去形は，英語の「過去形」，「過去進行形」，「used to」の働きをかねている.

1）過去の状態
2）過去の進行中の動作
3）過去の習慣

1) Il *était* grand et il *portait* un blouson noir.
2) Je *me promenais* avec Luigi, quand j'ai rencontré Alex.
3) Enfant, je *me promenais* avec ma sœur tous les matins.

ポイント 2 「〜しながら」と言いたい時には，ジェロンディフ「en ＋現在分詞」を使う.

● ジェロンディフの作り方と用法

ジェロンディフ：**前置詞 en＋現在分詞**

ジェロンディフは同時性（〜しながら）を表す：
J'apprends le français *en écoutant la radio*.

現在分詞：直説法現在形の nous の活用形の活用語尾「-ons」を取ったもの＋**ant**

nous écout*ons* → écout- → écout*ant*
nous pren*ons* → pren- → pren*ant*

ポイント 3 人称代名詞を動詞の前以外で用いる時には，強勢形を使う.

● 人称代名詞の強勢形

主語	目的語	強勢形	主語	目的語	強勢形
je	me	moi	nous	nous	nous
tu	te	toi	vous	vous	vous
il	le	lui	ils	les leur	eux
elle	la	elle	elles		elles

Tu viens avec **nous**?
Moi aussi, je ne vous oublierai jamais.
Je suis japonaise, et **vous**?
Elle est plus grande que **lui**.

ポイント 4 強調するものが主語の場合は c'est 〜 qui，それ以外の場合は c'est 〜 que.

● 強調構文

1）主語の働きをしている表現の強調
→ **c'est 〜 qui 〜**
2）主語以外の働きをしている表現の強調
→ **c'est 〜 que 〜**

1) *C'est* moi *qui* l'ai présenté(e) à Anne.
2) *C'est* lui *que* j'ai présenté à Anne.
　C'est à elle *que* j'ai présenté Marie.
　C'est eux *que* je lui ai présentés.

c'est 〜 qui / que は名詞や副詞などとも使う：C'est cette voiture que mes parents ont achetée.
C'est hier que je suis allé(e) faire des courses.

ポイント 5 結果・状態を表すには「être ＋過去分詞」を使う.

現在における結果・状態：Le trophée est accroché au mur.　Le bus est arrêté devant la gare.
過去における結果・状態：Mes affaires étaient posées sur le banc.
　　　　　　　　　　　Ma mère était assise ici tout à l'heure.

Exercice 1　半過去を使って文を完成させなさい．*Conjuguez à l'imparfait.*

1. Avant, nous *(habiter)* -------------- en banlieue.
2. Quand j'*(avoir)* -------------- 10 ans, le quartier *(être)* -------------- très calme.
3. Quand elle *(être)* -------------- au lycée, elle *(aimer)* -------------- beaucoup les cours de philosophie.
4. Avant, mes parents *(habiter)* -------------- à Paris. Ils *(avoir)* -------------- un appartement dans le 6e.
5. Quand on *(être)* -------------- petits, on *(adorer)* -------------- aller au cinéma le mercredi.

Exercice 2　動詞を半過去形か複合過去形に活用させなさい．*Conjuguez à l'imparfait ou au passé composé.*

1. Quand Georges *(partir)* -------------- de chez lui, Marine *(dormir)* -------------- encore.
2. Ils *(oublier)* -------------- leurs affaires, alors qu'ils *(quitter)* -------------- l'avion !
3. Maman *(faire)* -------------- la cuisine, quand papa *(rentrer)* -------------- du travail.
4. Flora *(se laver)* -------------- , quand son chat *(partir)* -------------- de chez elle.
5. Carole *(regarder)* -------------- la télé, quand son ami *(venir)* -------------- chez elle.

Exercice 3　ジェロンディフを使い，文をつないでください．
Reliez les deux phrases ou deux propositions avec le gérondif.

1. Je regarde la télé. Je lis le journal.
2. Il étudiait dans sa chambre. Il écoutait de la musique.
3. Est-ce que tu es en train de faire tes devoirs ? Tu prends un thé en même temps ?
4. Il ne faut pas parler et manger en même temps.
5. Hier, j'ai rencontré Gaëlle. Je revenais des courses.

Exercice 4　適当なものを選んで，文を完成させなさい．*Choisissez la bonne forme du pronom personnel.*

1. *Il / Lui / Le*, il fera le ménage dans la salle de séjour, et *elle / lui / la*, dans la chambre à coucher.
2. Je *te / tu / toi* prête ce livre, mais tu devras *moi / m' / me* le rendre dimanche prochain.
3. Ils *se / eux / les* sont excusés.
4. J'ai fait ce dessin pour *tu / te / toi*. Il *tu / te / toi* plaît [plait] ?
5. Ce n'est pas *ils / les / eux* qui ont fait ces graffitis sur le mur.

Exercice 5　「C'est... qui...」を使い，次の質問に答えなさい．*Répondez aux questions avec « C'est... qui... ».*

1. Qui a peint La Joconde ?
2. Qui a découvert l'Amérique en 1492 ?
3. Qui a chanté la chanson du film « Titanic » ?
4. Quel auteur japonais a été prix Nobel de littérature ?
5. Quel vaccin a inventé Pasteur ?

Exercice 6　「être＋過去分詞」を使って現在における結果・状態を表す文にしなさい．次に，過去における結果・状態を表す文に書き変えなさい．*Réécrivez les phrases au présent avec « être + participe passé » pour en exprimer le résultat dans le présent, puis au passé pour le résultat dans le passé.*

1. Zut ! Mon pantalon s'est craqué ! → --
2. J'ai rangé les verres dans le placard. → --
3. Papa a garé la voiture derrière le supermarché. → --
4. Mince ! Mon portable s'est cassé en tombant ! → ---
5. Les enfants se sont levés tôt ce matin. → --

Exercice 1. (Leçon 1)　音声を聞き，聞こえた文を書いてみましょう．*Écoutez et écrivez les phrases.*　練習 🔊 **76**

a.   d.

b.   e.

c.   f.

Exercice 2. (Leçon 1)　例にならって文を作りなさい．*Faites comme dans l'exemple.*

例 Marie *(français / canadien)* → Marie est française, elle n'est pas canadienne.

a. Samira *(secrétaire / employée)*　　d. Nicolas *(belge / espagnol)*

b. Tu *(de Rome / de Madrid)*　　e. Elle *(cuisinier / esthéticien)*

c. Je *(étudiant / professeur)*　　f. Vous *(boulanger / boucher)*

Exercice 3. (Leçon 2)　例にならって文を作りなさい．*Faites comme dans l'exemple.*

例 Marie *(avoir un sac Vuitton /avoir un sac Gucci)*

→Marie *n'a pas de sac Vuitton*, mais elle *a un sac Gucci*.

a. Je *(parler français /parler japonais)*

b. Vous *(habiter en Suisse /habiter en Belgique)*

c. Lucie *(venir pour un stage / venir pour les vacances)*

d. On *(avoir un ami japonais /avoir un ami italien)*

e. Il *(voyager aux États-Unis/voyager au Canada)*

Exercice 4. (Leçon 2)　19頁の Exercice 6 の 8 人の情報を使いましょう．*Utilisez les personnages de la page 19.*

a)「Vous」を使い，ペアの人に，いろいろな質問をしなさい．
Devenez un personnage et posez-vous des questions.

例 Bonjour, vous vous appelez comment ? → Moi, je... Et vous ?

b) 例にならって，ある人物について，否定形「彼/彼女は〜でない」を使って説明しなさい．ペアの人はそれを聞いて，それが誰かを当てなさい．
Faites des devinettes selon le modèle.

例 Il **n'**est **pas** français. Il **n'**habite **pas** à... Il **ne** travaille **pas** dans... *etc*.
Qui est-ce ?（誰ですか．）→ C'est...

Exercice 5. (Leçon 3)　音声を聞き，聞こえた文を書いてみましょう．*Écoutez et écrivez les phrases.*　練習 🔊 **77**

1.   4.

2.   5.

3.   6.

Exercice 6. (Leçon 4)　例にならって，言ってみましょう．*Faites comme dans l'exemple.*

例 l'aéroport du Kansai (10h40) → en avion → l'aéroport Paris-CDG (17h20 フランス時間)

Il...

→À quelle heure il part de l'aéroport du Kansai ?

– Il part de l'aéroport du Kansai à 10h40.

→À quelle heure il arrive à l'aéroport Paris-CDG ?

– Il arrive à l'aéroport Paris-CDG à 17h20.

→*Combien de temps ça prend de l'aéroport du Kansai à l'aéroport Paris-CDG ?*

　– Ça prend environ 13 heures en avion.

1. la maison (8h05) → en train → le bureau (9h30)
   Nicolas...
2. chez moi (8h45) → à vélo → l'université (8h55)
   Je...
3. l'hôtel (12h20) → en métro → la gare (13h00)
   Marie...
4. le restaurant (15h15) → à pied → l'arrêt de bus (15h25)
   Mes parents...

Exercice 7. (Leçon 4)　例にならって，ペアで質問し合いなさい．*Faites comme dans l'exemple.*

例　– Qu'est-ce que vous faites *lundi après-midi* ?

　　– Je vais *au bureau* pour *travailler*.

　　– Comment vous allez *au bureau* ?

　　– Je vais *au bureau en métro*.

例
lundi après-midi　月曜の午後
le bureau　事務所，会社
travailler
le métro

4.
de mardi à jeudi
la campagne
me reposer
la voiture

1.
mercredi
la Tour Eiffel
voir le panorama
à pied

5.
demain soir
chez mes amis
dîner [diner]
le vélo

2.
vendredi matin
l'université
étudier de 9h à 12h10
le scooter

6.
le week-end
la mer
faire du surf
le train

3.
dimanche midi
l'aéroport
prendre l'avion
le bus

7.
samedi
l'hôpital
voir le médecin
le taxi

Exercice 8. (Leçon 5)　正しい順に並べ，会話を作り直しなさい．*Remettez le dialogue dans l'ordre.*

Vous êtes à la station La Rose.

1.•　　• Merci beaucoup. Au revoir, madame !
2.•　　• Prenez la ligne 1, direction La Fourragère.
3.•　　• C'est la septième station.
4.•　　• Excusez-moi, j'aimerais aller à National, s'il vous plaît [plait].

5. •   • Changez à Gare Saint Charles.

6. •   • Prenez la ligne 2, direction Gèze

7. •   • et descendez à la quatrième station.

Le métro de Marseille

Exercice 9. (Leçon 5) 「La Rose」から「Vieux Port」に行くと仮定して，隣の人に行き方をたずねましょう.
Demandez à votre voisin(e) comment on fait pour aller de la station La Rose jusqu'à la station Vieux Port.

Exercice 10 (Leçon 6) 次の動詞を複合過去形に活用させて，自分が昨日したことを隣の人と話し合いましょう. *Discutez avec votre voisin(e) sur votre journée d'hier, en utilisant les verbes ci-dessous.*

1. *se* lever à 7h00
2. prendre *son* petit déjeuner
3. *se* doucher
4. *s'*habiller et se maquiller
5. aller en cours
6. déjeuner avec des amis à 12h15

7. faire 1 heure de tennis
8. rentrer chez *soi* vers 18h00
9. surfer sur internet
10. dîner [diner] avec ses parents
11. *se* reposer
12. *se* coucher vers minuit

Exercice 11 (Leçon 6) 1) vous または tu を使い，例にならって会話しましょう.
Discutez selon le modèle, en vouvoyant ou en tutoyant.

例   Qu'est-ce que vous avez fait *samedi dernier* ? → *Samedi dernier*, je...
-------------------------------   -------------------------------

2) il, elle または ils, elles を使い，例にならって会話しましょう.
Faites un dialogue en parlant d'une tierce personne.

例   Qu'est-ce qu'*il* a fait *samedi dernier* ? → *Il est allé au cinéma*.
      --   -------------------------   ---------------------------------

1.

→samedi dernier ?

aller au cinéma
dîner [diner] au restaurant
rentrer en taxi vers 23 heures

2.

→l'hiver dernier ?

partir skier avec des amis
faire de la luge
monter sur le Mont Blanc

3.

→avant-hier ?

voir mes parents
prendre le thé
parler des examens 試験について話す

4.

→hier ?

faire un tour en voiture
prendre des photos
tomber en panne 故障する

5.

→cette semaine ?

tomber malade 病気になる
dormir toute la semaine
prendre beaucoup de médicaments

6.

→aujourd'hui ?

aller en cours 授業に出る
déjeuner au resto U
participer aux activités du club
クラブ活動に参加する

Exercice 12 (Leçon 7)   比較級を使い，文を作りなさい． *Faites des phrases selon le modèle.*

例　la cuisine française, la cuisine japonaise, bon(ne)

　→ *La cuisine française est meilleure que la cuisine japonaise.*

1. le train, l'avion, rapide
2. la tour Eiffel, la tour de Tôkyô, haut(e)
3. le français, l'anglais, facile
4. les voyages, les études, sympa
5. les garçons, les filles, sérieux(sérieuse)
6. mon fils, le fils de ma voisine, intelligent

Exercice 13 (Leçon 7)   正しい順に並べ，会話を作り直しなさい． *Remettez le dialogue dans l'ordre.*

1.•　• Oui, bien sûr. Les cabines d'essayage sont au fond du magasin.
2.•　• Je peux l'essayer ?
3.•　• Pardon, madame. Vous avez d'autres couleurs ?
4.•　• ... Ça vous va très bien !
5.•　• Vous voulez un sac en kraft ? C'est 15 centimes d'euro.
6.•　• Non, désolée, madame. Mais nous avons cet autre modèle en noir.
7.•　• Très bien, alors je le prends.
8.•　• Oui, merci.

Exercice 14 (Leçon 7)   比較級を使い，文を完成させなさい． *Complétez avec un comparatif.*

1. Ma petite sœur est ---------------- grande ---------------- moi, mais elle ne mange pas ---------- moi. Le sport l'intéresse ---------------- les études.
2. En général, les bons restaurant coûtent [coutent] ---------------- cher ---------------- les bistrots.
   Moi, je vais seulement dans les ---------------- chers : je n'ai pas beaucoup d'argent.
3. Il neige ---------------- à Hokkaido ---------------- à Kyushu.
4. Il fait ---------------- humide au Japon ---------------- en France, mais ---------------- chaud ---------------- dans le désert du Sahara.

Exercice 15 (Leçon 8)   正しい順に並べ，会話を作り直しなさい． *Remettez les dialogues dans l'ordre.*

1.•　• Je prendrai un vin blanc avec le plat principal.
2.•　• Parfait ! Donnez-moi un vin de Savoie, s'il vous plaît.
3.•　• Est-ce que je peux avoir la carte des vins, s'il vous plaît ?
4.•　• Dans ce cas, je vous conseille un vin de Savoie.
5.•　• Mais pas trop doux, s'il vous plaît.
6.•　• Oui, bien sûr. La voici, monsieur.

Exercice 16 (Leçon 8)　質問に否定文で答えなさい．*Répondez aux questions à la forme négative.*

1. Vous reprendrez du dessert ?
2. Vous avez fait du sport dimanche après-midi ?
3. Vous avez déjà mangé de la bouillabaisse ?
4. Vous avez déjà bu de l'orangina ?
5. Vous revenez des États-Unis ?

Exercice 17 (Leçon 8)　例にならって，文を作りなさい．*Faites des phrases comme dans l'exemple.*

例　manger beaucoup de viande
　　Avant je *mangeais beaucoup de viande*, mais **maintenant** je *ne mange plus de viande*.

1. jouer au base-ball au lycée
2. faire des gâteaux le dimanche pour ma famille
3. apprendre les mathématiques
4. me disputer avec mes frères et sœurs
5. regarder beaucoup de séries sur Netflix et Amazon Prime Vidéo
6. acheter des vêtements à la mode
7. faire un pique-nique sur la plage
8. partir en voyage au moindre moment de libre

Exercice 18 (Leçon 9)　devoir の代わりに，il faut を使い，文を書き直しなさい．
Remplacez le verbe « devoir » par l'expression « il faut ».

例　*Je dois me lever tôt demain.* → Il me faut me lever tôt demain.

1. Tu devrais te dépêcher !
2. Vous avez dû réserver une chambre double.
3. Nous devions arriver à l'heure.
4. Ils vont devoir étudier beaucoup plus !
5. Elle devra finir ses devoirs avant de se coucher.

Exercice 19 (Leçon 9)　例にならって，会話文を作りなさい．*Faites comme dans l'exemple.*

例　- Qu'est-ce que tu viens de faire ?
　　- Je viens juste de *finir mes devoirs*.
　　- Et maintenant qu'est-ce que tu vas faire ?
　　- Je vais *étudier mon français*, et toi ?
　　- Moi, je suis en train de *ranger ma chambre*.

1.
finir ses devoirs
étudier mon français
ranger *sa* chambre

3.
écrire un compte-rendu
téléphoner au bureau
se reposer

2.
voir un film en DVD
rentrer chez moi
se préparer pour sortir

4.
retirer de l'argent
faire des courses
préparer le dîner [diner]

Exercice 20 (Leçon 9) 次の文を近接過去形に変えなさい．*Reformulez les phrases suivantes, selon le modèle.*

例 Je suis rentré(e) à l'instant. → *Je viens de rentrer à l'instant*.

1. Zut ! On a raté le bus !
2. Tu es arrivée ?
3. Elle a éteint la télévision.
4. Quoi ? Vous avez perdu vos clés ?
5. J'ai déjà pris un café.

Exercice 21 (Leçon 10) カッコの中の動詞を複合過去形か半過去形に活用させなさい．*Conjuguez au passé composé ou à l'imparfait.*

1. Je *(faire)* des courses hier soir avec ma mère quand j' *(rencontrer)* Annie.
2. Marie et moi, on *(aller)* à la fac quand soudain le bus *(avoir)* un accident.
3. Hier, mon mari et moi *(être)* à la maison, nous *(regarder)* la télévision quand le téléphone *(sonner)*. Mon mari *(répondre)*. C'*(être)* sa secrétaire ! Elle *(vouloir)* lui rappeler ses rendez-vous pour demain.
4. Il *(faire)* très beau dimanche à Osaka. Alors nous *(prendre le métro)* et nous *(aller)* au parc d'attractions USJ toute la journée. Comme d'habitude, il y *(avoir)* beaucoup de monde, mais c'*(être)* très sympa.

Exercice 22 (Leçon 10) 次の表現を使い，例にならって，会話をしなさい．*Discutez avec votre voisin(e) en utilisant les expressions ci-dessous, comme dans l'exemple.*

例 faire une activité, être au lycée.
  - *Qu'est-ce que tu faisais comme activité, quand tu étais au lycée ?*
  - *Quand j'étais au lycée, je faisais du kendô.*

1. vouloir devenir, être petit(e)
2. écouter de la musique, être collégien(ne).
3. étudier une langue étrangère, être lycéen(ne).
4. faire du sport, avoir 12 ans.
5. aimer un acteur, avoir 15 ans.
6. lire un manga, être au collège.
7. être fan de quel groupe de K-pop, être au lycée. （疑問形容詞に注意）
8. habiter où, être à l'école primaire. （疑問形容詞に注意）

Exercice 23 (Leçon 10) 過去形を使い，いくつかの，いい思い出について文を書きなさい．その時に何をしたか，どうだったか，ということについても書きなさい．*Décrivez quelques-uns de vos meilleurs souvenirs. Expliquez ce que vous avez fait et dites comment c'était.*

10 questions pour réviser

Cette rubrique est idéale pour une vérification des acquis, ou bien pour un test écrit ou oral. La plupart des questions ont été reprises telles quelles, selon leur apparition dans le manuel. Nous avons aussi ajouté certaines expressions, très souvent employées, qui nous semblaient utiles à connaître [connaitre].

1

1. Vous vous appelez comment ?
2. Comment allez-vous ?
3. Vous êtes chinois(e) ou coréen(ne) ?
4. Excusez-moi, vous êtes de Tokyo ?
5. Qu'est-ce que vous faites dans la vie ?
6. Quelle est votre ville d'origine ?
7. Est-ce que vous êtes étudiant(e) ?
8. Qu'est que ça veut dire « Je ne sais pas. » ?
9. Comment on dit « さようなら » en français ?
10. Vous pouvez épeler votre nom ?

2

1. Vous venez d'où ?
2. Vous habitez où ?
3. Vous parlez quelles langues étrangères ?
4. Quelle est votre profession ?
5. Vous êtes étudiant(e) en quelle année ?
6. Quelle est votre faculté à l'université ?
7. Vous êtes étudiant(e) dans quelle université ?
8. Est-ce que vous avez un(e) ami(e) français(e) ?
9. Qu'est-ce que c'est, un journal ?
10. Vous connaissez des Français célèbres au Japon ?

3

1. Vous êtes de quelle région du Japon ?
2. Quelle est la spécialité de votre région ?
3. Quel est le site touristique à voir dans votre région ?
4. Vous habitez où ?
5. Vous habitez avec vos parents ?
6. Vous avez des frères et sœurs ?
7. Parlez de votre famille !
8. Qu'est-ce que vous faites ce week-end [weekend] ?
9. Qu'est-ce que tu voudrais faire demain ?
10. Tu fais quoi ce soir ?

4

1. Vous partez à quelle heure, le matin ?
2. En général, vous rentrez à quelle heure, le soir ?
3. Ça prend combien de temps de chez vous à l'université ?
4. Vous allez comment à l'université ?
5. Quelle heure est-il ?
6. Qu'est-ce que vous faites samedi soir ?
7. Vous avez quel âge ?
8. Votre anniversaire, c'est quand ?
9. Vous êtes né(e) quand ?

5

1. Est-ce qu'il y a une cafétéria près d'ici ?
2. Où se trouve la librairie de l'université ?
3. Comment fait-on pour aller à la gare JR ?
4. Quel temps fait-il demain ?
5. Il va faire beau ce week-end [weekend] ?
6. Quel temps fait-il en été, au Japon ?
7. Comment est l'automne au Japon ?
8. Qu'est-ce que vous me conseillez de visiter à Kyôto ? Quelle est la spécialité ?
9. Qu'est-ce qui est intéressant à voir à Tôkyô ?

6

1. Qu'est-ce que tu as fait hier soir ?
2. Tu t'es couché(e) à quelle heure hier ?
3. Tu as dormi jusqu'à quelle heure ?
4. Qu'est-ce que tu as fait ce matin ?
5. Est-ce que tu es déjà allé(e) à Okinawa ?
6. As-tu déjà mangé du Roquefort ?
7. Qu'est-ce que tu as fait le week-end [weekend] dernier ?
8. Quels sont vos loisirs ?
9. Quels sont les loisirs des Japonais ?

7

1. Vous faites quelle taille ?
2. Vous faites du combien en chaussures ?
3. Quelle est votre couleur préférée ?
4. Comment vous trouvez le style de vêtements de votre voisin(e) de table ?
5. Combien coûtent [coutent] vos chaussures ?
6. Quel genre de vêtements vous plaisent le plus ?
7. Quel genre d'accessoires vous aimez porter sur vous ?
8. Quelle est votre marque préférée ?
9. Vous dépensez beaucoup pour les vêtements et accessoires de mode ?
10. Où est-ce que vous achetez vos vêtements ?

8

1. Vous préférez manger chez vous ou aller au restaurant ?
2. Vous savez cuisiner ?
3. Quelle est votre cuisine préférée ? Quel est votre plat préféré ? Quelle est votre boisson préférée ?
4. Avec qui vous sortez au restaurant en général ?
5. Vous préférez payer séparément ou ensemble ?
6. Vous connaissez un bon restaurant dans votre ville ?
7. Vous mangez souvent français ?
8. Quelle est la spécialité de votre ville ou de votre région ?
9. Qu'est-ce que vous prenez au petit déjeuner ?

9

1. Pouvez-vous me recommander un bon restaurant ?
2. Quel site touristique vous me conseillez dans votre région ?
3. Où vous aimez aller pour vous changer les idées ?
4. Où sont les plus beaux paysages du Japon ?
5. S'il fait beau ce week-end [weekend], qu'est-ce que vous ferez ?
6. S'il pleut ce week-end [weekend], qu'est-ce que vous ferez ?
7. Qu'est-ce que vous devez absolument faire cette semaine ou la semaine prochaine ?
8. Qu'est-ce que vous êtes en train d'étudier à l'université ?
9. Qu'est-ce que vous venez de faire en classe ?
10. Qu'est-ce que vous allez faire juste après ce cours ?

10

1. Est-ce qu'on vous a déjà volé quelque chose ?
2. Est-ce que vous avez déjà perdu un objet important pour vous ?
   * Où cela s'est-il passé ?
   * Est-ce que vous pouvez le décrire (couleur, taille, prix) ? Comment était-il ?
   * Est-ce que vous êtes allé(e) à la police à ce moment-là ? Sinon, qu'est-ce que vous avez fait dans cette situation ?
   * Est-ce que finalement vous avez retrouvé cet objet ?
3. Comment étaient/sont vos grands-parents physiquement ? Quel était/est leur caractère ?
4. Est-ce que vous avez déjà voyagé en France ?
   Comment était votre voyage ?

不定詞	直説法現在形					
	1人称（単）	2人称（単）	3人称（単）	1人称（複）	2人称（複）	3人称（複）
acheter	j'achète	tu achètes	il achète	nous achetons	vous achetez	ils achètent
aller	je vais	tu vas	il va	nous allons	vous allez	ils vont
appeler	j'appelle	tu appelles	il appelle	nous appelons	vous appelez	ils appellent
s'asseoir [s'assoir]	je m'assois	tu t'assois	il s'assoit	nous nous asseyons	vous vous asseyez	ils s'assoient
avoir	j'ai	tu as	il a	nous avons	vous avez	ils ont
boire	je bois	tu bois	il boit	nous buvons	vous buvez	ils boivent
commencer	je commence	tu commences	il commence	nous commençons	vous commencez	ils commencent
connaître [connaitre]	je connais	tu connais	il connaît [connait]	nous connaissons	vous connaissez	ils connaissent
croire	je crois	tu crois	il croit	nous croyons	vous croyez	ils croient
devoir	je dois	tu dois	il doit	nous devons	vous devez	ils doivent
dire	je dis	tu dis	il dit	nous disons	vous dites	ils disent
écrire	j'écris	tu écris	il écrit	nous écrivons	vous écrivez	ils écrivent
être	je suis	tu es	il est	nous sommes	vous êtes	ils sont
faire	je fais	tu fais	il fait	nous faisons	vous faites	ils font
falloir			il faut			
lire	je lis	tu lis	il lit	nous lisons	vous lisez	ils lisent
manger	je mange	tu manges	il mange	nous mangeons	vous mangez	ils mangent
mettre	je mets	tu mets	il met	nous mettons	vous mettez	ils mettent
ouvrir	j'ouvre	tu ouvres	il ouvre	nous ouvrons	vous ouvrez	ils ouvrent
partir	je pars	tu pars	il part	nous partons	vous partez	ils partent
perdre	je perds	tu perds	il perd	nous perdons	vous perdez	ils perdent
plaire			il plaît [plait]			ils plaisent
pleuvoir			il pleut			
pouvoir	je peux	tu peux	il peut	nous pouvons	vous pouvez	ils peuvent
préférer	je préfère	tu préfères	il préfère	nous préférons	vous préférez	ils préfèrent
prendre	je prends	tu prends	il prend	nous prenons	vous prenez	ils prennent
savoir	je sais	tu sais	il sait	nous savons	vous savez	ils savent
venir	je viens	tu viens	il vient	nous venons	vous venez	ils viennent
voir	je vois	tu vois	il voit	nous voyons	vous voyez	ils voient
vouloir	je veux	tu veux	il veut	nous voulons	vous voulez	ils veulent

命令形			
不定詞	2人称（単）	2人称（複）	1人称（複）
aller	va / vas (-y)	allez / allez (-y)	allons / allons (-y)
avoir	aie	ayez	ayons
être	sois	soyez	soyons

不定詞	直説法単純未来形	直説法半過去形	過去分詞
acheter	j'achèterai	j'achetais	acheté
aller	j'irai	j'allais	allé
appeler	j'appellerai	j'appelais	appelé
s'asseoir [s'assoir]	je m'assoirai	je m'asseyais	assis
avoir	j'aurai	j'avais	eu
boire	je boirai	je buvais	bu
connaître [connaitre]	je connaîtrai [connaitrai]	je connaissais	connu
croire	je croirai	je croyais	cru
devoir	je devrai	je devais	dû
dire	je dirai	je disais	dit
écrire	j'écrirai	j'écrivais	écrit
envoyer	j'enverrai	j'envoyais	envoyé
être	je serai	j'étais	été
faire	je ferai	je faisais	fait
falloir	il faudra	il fallait	fallu
lire	je lirai	je lisais	lu
mettre	je mettrai	je mettais	mis
plaire	il plaira	il plaisait	plu
pleuvoir	il pleuvra	il pleuvait	plu
pouvoir	je pourrai	je pouvais	pu
préférer	je préférerai	je préférais	préféré
prendre	je prendrai	je prenais	pris
savoir	je saurai	je savais	su
venir	je viendrai	je venais	venu
voir	je verrai	je voyais	vu
vouloir	je voudrai	je voulais	voulu

装　　　丁：小熊 未央
表紙イラスト：Alexandre GRAS
本文イラスト：Alexandre GRAS／東森 まみ／前　英里子

新パス・パルトゥ

Franck DELBARRE
Alexandre GRAS　　著
大木　充

2023. 2. 1　初版発行

発行者　井 田 洋 二

〒101-0062 東京都千代田区神田駿河台 3 の 7
発行所　電話　03 (3291) 1676　FAX 03 (3291) 1675
　　　　振替　00190-3-56669

株式
会社　駿河台出版社

製版・印刷・製本　フォレスト

http://www.e-surugadai.com

ISBN978-4-411-01139-8 C1085

動　詞　活　用　表

◇ 活用表中，現在分詞と過去分詞はイタリック体，
また書体の違う活用は，とくに注意すること.

accueillir	22	écrire	40	pleuvoir	61
acheter	10	émouvoir	55	pouvoir	54
acquérir	26	employer	13	préférer	12
aimer	7	envoyer	15	prendre	29
aller	16	être	2	recevoir	52
appeler	11	être aimé(e)(s)	5	rendre	28
(s')asseoir	60	être allé(e)(s)	4	résoudre	42
avoir	1	faire	31	rire	48
avoir aimé	3	falloir	62	rompre	50
battre	46	finir	17	savoir	56
boire	41	fuir	27	sentir	19
commencer	8	(se) lever	6	suffire	34
conclure	49	lire	33	suivre	38
conduire	35	manger	9	tenir	20
connaître	43	mettre	47	vaincre	51
coudre	37	mourir	25	valoir	59
courir	24	naître	44	venir	21
craindre	30	ouvrir	23	vivre	39
croire	45	partir	18	voir	57
devoir	53	payer	14	vouloir	58
dire	32	plaire	36		

◇ 単純時称の作り方

不定法		直説法現在			接続法現在		直説法半過去	
—er [e] —ir [ir] —re [r] —oir [war]	je (j') tu il	—e [無音] —es [無音] —e [無音]	—s [無音] —s [無音] —t [無音]		—e [無音] —es [無音] —e [無音]		—ais [ɛ] —ais [ɛ] —ait [ɛ]	

現在分詞								
—ant [ɑ̃]	nous vous ils	—ons [ɔ̃] —ez [e] —ent [無音]			—ions [jɔ̃] —iez [je] —ent [無音]		—ions [jɔ̃] —iez [je] —aient [ɛ]	

	直説法単純未来		条件法現在	
je (j')	—rai	[re]	—rais	[rɛ]
tu	—ras	[rɑ]	—rais	[rɛ]
il	—ra	[ra]	—rait	[rɛ]
nous	—rons	[rɔ̃]	—rions	[rjɔ̃]
vous	—rez	[re]	—riez	[rje]
ils	—ront	[rɔ̃]	—raient	[rɛ]

	直 説 法 単 純 過 去					
je	—ai	[e]	—is	[i]	—us	[y]
tu	—as	[ɑ]	—is	[i]	—us	[y]
il	—a	[a]	—it	[i]	—ut	[y]
nous	—âmes	[am]	—îmes	[im]	—ûmes	[ym]
vous	—âtes	[at]	—îtes	[it]	—ûtes	[yt]
ils	—èrent	[ɛr]	—irent	[ir]	—urent	[yr]

過去分詞	—é [e], —i [i], —u [y], —s [無音], —t [無音]

① **直説法現在**の単数形は，第一群動詞では—e，—es，—e；他の動詞ではほとんど—s，—s，—t．

② **直説法現在**と**接続法現在**では，nous, vous の語幹が，他の人称の語幹と異なること(母音交替)がある．

③ **命令法**は，直説法現在の tu, nous, vous をとった形．（ただし—es → e　vas → va）

④ **接続法現在**は，多く直説法現在の3人称複数形から作られる．ils partent → je parte.

⑤ **直説法半過去**と**現在分詞**は，直説法現在の1人称複数形から作られる．

⑥ **直説法単純未来**と**条件法現在**は多く不定法から作られる．aimer → j'aimerai, finir → je finirai, rendre → je rendrai(-oir 型の語幹は不規則)．

1. avoir

命 令 法	直 説 法		

	現 在	半 過 去	単 純 過 去
現在分詞 ayant	j' ai	j' avais	j' eus [y]
	tu as	tu avais	tu eus
	il a	il avait	il eut
過去分詞 eu [y]	nous avons	nous avions	nous eûmes
	vous avez	vous aviez	vous eûtes
	ils ont	ils avaient	ils eurent

命 令 法	複 合 過 去	大 過 去	前 過 去
	j' ai eu	j' avais eu	j' eus eu
aie	tu as eu	tu avais eu	tu eus eu
	il a eu	il avait eu	il eut eu
ayons	nous avons eu	nous avions eu	nous eûmes eu
ayez	vous avez eu	vous aviez eu	vous eûtes eu
	ils ont eu	ils avaient eu	ils eurent eu

2. être

直 説 法

	現 在	半 過 去	単 純 過 去
現在分詞 étant	je suis	j' étais	je fus
	tu es	tu étais	tu fus
	il est	il était	il fut
過去分詞 été	nous sommes	nous étions	nous fûmes
	vous êtes	vous étiez	vous fûtes
	ils sont	ils étaient	ils furent

命 令 法	複 合 過 去	大 過 去	前 過 去
	j' ai été	j' avais été	j' eus été
sois	tu as été	tu avais été	tu eus été
	il a été	il avait été	il eut été
soyons	nous avons été	nous avions été	nous eûmes été
soyez	vous avez été	vous aviez été	vous eûtes été
	ils ont été	ils avaient été	ils eurent été

3. avoir aimé

直 説 法

［複合時称］

分詞複合形
ayant aimé

命 令 法	複 合 過 去	大 過 去	前 過 去
	j' ai aimé	j' avais aimé	j' eus aimé
	tu as aimé	tu avais aimé	tu eus aimé
aie aimé	il a aimé	il avait aimé	il eut aimé
	elle a aimé	elle avait aimé	elle eut aimé
ayons aimé	nous avons aimé	nous avions aimé	nous eûmes aimé
	vous avez aimé	vous aviez aimé	vous eûtes aimé
ayez aimé	ils ont aimé	ils avaient aimé	ils eurent aimé
	elles ont aimé	elles avaient aimé	elles eurent aimé

4. être allé(e)(s)

直 説 法

［複合時称］

分詞複合形
étant allé(e)(s)

命 令 法	複 合 過 去	大 過 去	前 過 去
	je suis allé(e)	j' étais allé(e)	je fus allé(e)
	tu es allé(e)	tu étais allé(e)	tu fus allé(e)
sois allé(e)	il est allé	il était allé	il fut allé
	elle est allée	elle était allée	elle fut allée
soyons allé(e)s	nous sommes allé(e)s	nous étions allé(e)s	nous fûmes allé(e)s
	vous êtes allé(e)(s)	vous étiez allé(e)(s)	vous fûtes allé(e)(s)
soyez allé(e)(s)	ils sont allés	ils étaient allés	ils furent allés
	elles sont allées	elles étaient allées	elles furent allées

条　件　法		接　続　法	

単　純　未　来		現　在		現　在		半　過　去	
j'	aurai	j'	aurais	j'	aie	j'	eusse
tu	auras	tu	aurais	tu	aies	tu	eusses
il	aura	il	aurait	il	ait	il	eût
nous	aurons	nous	aurions	nous	ayons	nous	eussions
vous	aurez	vous	auriez	vous	ayez	vous	eussiez
ils	auront	ils	auraient	ils	aient	ils	eussent

前　未　来			過　去			過　去			大　過　去		
j'	aurai	eu	j'	aurais	eu	j'	aie	eu	j'	eusse	eu
tu	auras	eu	tu	aurais	eu	tu	aies	eu	tu	eusses	eu
il	aura	eu	il	aurait	eu	il	ait	eu	il	eût	eu
nous	aurons	eu	nous	aurions	eu	nous	ayons	eu	nous	eussions	eu
vous	aurez	eu	vous	auriez	eu	vous	ayez	eu	vous	eussiez	eu
ils	auront	eu	ils	auraient	eu	ils	aient	eu	ils	eussent	eu

条　件　法		接　続　法	

単　純　未　来		現　在		現　在		半　過　去	
je	serai	je	serais	je	sois	je	fusse
tu	seras	tu	serais	tu	sois	tu	fusses
il	sera	il	serait	il	soit	il	fût
nous	serons	nous	serions	nous	soyons	nous	fussions
vous	serez	vous	seriez	vous	soyez	vous	fussiez
ils	seront	ils	seraient	ils	soient	ils	fussent

前　未　来			過　去			過　去			大　過　去		
j'	aurai	été	j'	aurais	été	j'	aie	été	j'	eusse	été
tu	auras	été	tu	aurais	été	tu	aies	été	tu	eusses	été
il	aura	été	il	aurait	été	il	ait	été	il	eût	été
nous	aurons	été	nous	aurions	été	nous	ayons	été	nous	eussions	été
vous	aurez	été	vous	auriez	été	vous	ayez	été	vous	eussiez	été
ils	auront	été	ils	auraient	été	ils	aient	été	ils	eussent	été

条　件　法		接　続　法	

前　未　来			過　去			過　去			大　過　去		
j'	aurai	aimé	j'	aurais	aimé	j'	aie	aimé	j'	eusse	aimé
tu	auras	aimé	tu	aurais	aimé	tu	aies	aimé	tu	eusses	aimé
il	aura	aimé	il	aurait	aimé	il	ait	aimé	il	eût	aimé
elle	aura	aimé	elle	aurait	aimé	elle	ait	aimé	elle	eût	aimé
nous	aurons	aimé	nous	aurions	aimé	nous	ayons	aimé	nous	eussions	aimé
vous	aurez	aimé	vous	auriez	aimé	vous	ayez	aimé	vous	eussiez	aimé
ils	auront	aimé	ils	auraient	aimé	ils	aient	aimé	ils	eussent	aimé
elles	auront	aimé	elles	auraient	aimé	elles	aient	aimé	elles	eussent	aimé

条　件　法		接　続　法	

前　未　来			過　去			過　去			大　過　去		
je	serai	allé(e)	je	serais	allé(e)	je	sois	allé(e)	je	fusse	allé(e)
tu	seras	allé(e)	tu	serais	allé(e)	tu	sois	allé(e)	tu	fusse	allé(e)
il	sera	allé	il	serait	allé	il	soit	allé	il	fût	allé
elle	sera	allée	elle	serait	allée	elle	soit	allée	elle	fût	allée
nous	serons	allé(e)s	nous	serions	allé(e)s	nous	soyons	allé(e)s	nous	fussions	allé(e)s
vous	serez	allé(e)(s)	vous	seriez	allé(e)(s)	vous	soyez	allé(e)(s)	vous	fussiez	allé(e)(s)
ils	seront	allés	ils	seraient	allés	ils	soient	allés	ils	fussent	allés
elles	seront	allées	elles	seraient	allées	elles	soient	allées	elles	fussent	allées

5. être aimé(e)(s) ［受動態］

直　説　法		接　続　法

直　説　法

現　在			複　合　過　去				接続法 現　在		
je	suis	aimé(e)	j'	ai	été	aimé(e)	je	sois	aimé(e)
tu	es	aimé(e)	tu	as	été	aimé(e)	tu	sois	aimé(e)
il	est	aimé	il	a	été	aimé	il	soit	aimé
elle	est	aimée	elle	a	été	aimée	elle	soit	aimée
nous	sommes	aimé(e)s	nous	avons	été	aimé(e)s	nous	soyons	aimé(e)s
vous	êtes	aimé(e)(s)	vous	avez	été	aimé(e)(s)	vous	soyez	aimé(e)(s)
ils	sont	aimés	ils	ont	été	aimés	ils	soient	aimés
elles	sont	aimées	elles	ont	été	aimées	elles	soient	aimées

半　過　去			大　過　去				過　去			
j'	étais	aimé(e)	j'	avais	été	aimé(e)	j'	aie	été	aimé(e)
tu	étais	aimé(e)	tu	avais	été	aimé(e)	tu	aies	été	aimé(e)
il	était	aimé	il	avait	été	aimé	il	ait	été	aimé
elle	était	aimée	elle	avait	été	aimée	elle	ait	été	aimée
nous	étions	aimé(e)s	nous	avions	été	aimé(e)s	nous	ayons	été	aimé(e)s
vous	étiez	aimé(e)(s)	vous	aviez	été	aimé(e)(s)	vous	ayez	été	aimé(e)(s)
ils	étaient	aimés	ils	avaient	été	aimés	ils	aient	été	aimés
elles	étaient	aimées	elles	avaient	été	aimées	elles	aient	été	aimées

単　純　過　去			前　過　去				半　過　去			
je	fus	aimé(e)	j'	eus	été	aimé(e)	je	fusse	aimé(e)
tu	fus	aimé(e)	tu	eus	été	aimé(e)	tu	fusses	aimé(e)
il	fut	aimé	il	eut	été	aimé	il	fût	aimé
elle	fut	aimée	elle	eut	été	aimée	elle	fût	aimée
nous	fûmes	aimé(e)s	nous	eûmes	été	aimé(e)s	nous	fussions	aimé(e)s
vous	fûtes	aimé(e)(s)	vous	eûtes	été	aimé(e)(s)	vous	fussiez	aimé(e)(s)
ils	furent	aimés	ils	eurent	été	aimés	ils	fussent	aimés
elles	furent	aimées	elles	eurent	été	aimées	elles	fussent	aimées

単　純　未　来			前　未　来				大　過　去			
je	serai	aimé(e)	j'	aurai	été	aimé(e)	j'	eusse	été	aimé(e)
tu	seras	aimé(e)	tu	auras	été	aimé(e)	tu	eusses	été	aimé(e)
il	sera	aimé	il	aura	été	aimé	il	eût	été	aimé
elle	sera	aimée	elle	aura	été	aimée	elle	eût	été	aimée
nous	serons	aimé(e)s	nous	aurons	été	aimé(e)s	nous	eussions	été	aimé(e)s
vous	serez	aimé(e)(s)	vous	aurez	été	aimé(e)(s)	vous	eussiez	été	aimé(e)(s)
ils	seront	aimés	ils	auront	été	aimés	ils	eussent	été	aimés
elles	seront	aimées	elles	auront	été	aimées	elles	eussent	été	aimées

条　件　法

現　在			過　去				現在分詞
je	serais	aimé(e)	j'	aurais	été	aimé(e)	étant aimé(e)(s)
tu	serais	aimé(e)	tu	aurais	été	aimé(e)	
il	serait	aimé	il	aurait	été	aimé	過去分詞
elle	serait	aimée	elle	aurait	été	aimée	été aimé(e)(s)
nous	serions	aimé(e)s	nous	aurions	été	aimé(e)s	
vous	seriez	aimé(e)(s)	vous	auriez	été	aimé(e)(s)	命　令　法
ils	seraient	aimés	ils	auraient	été	aimés	sois　aimé(e)s
elles	seraient	aimées	elles	auraient	été	aimées	soyons　aimé(e)s
							soyez　aimé(e)(s)

6

6. se lever ［代名動詞］

直　説　法						接　続　法		
現　在			複　合　過　去			現　在		
je	me	lève	je	me	suis	levé(e)	je	me	lève
tu	te	lèves	tu	t'	es	levé(e)	tu	te	lèves
il	se	lève	il	s'	est	levé	il	se	lève
elle	se	lève	elle	s'	est	levée	elle	se	lève
nous	nous	levons	nous	nous	sommes	levé(e)s	nous	nous	levions
vous	vous	levez	vous	vous	êtes	levé(e)(s)	vous	vous	leviez
ils	se	lèvent	ils	se	sont	levés	ils	se	lèvent
elles	se	lèvent	elles	se	sont	levées	elles	se	lèvent

半　過　去			大　過　去			過　去		
je	me	levais	je	m'	étais	levé(e)	je	me	sois	levé(e)
tu	te	levais	tu	t'	étais	levé(e)	tu	te	sois	levé(e)
il	se	levait	il	s'	était	levé	il	se	soit	levé
elle	se	levait	elle	s'	était	levée	elle	se	soit	levée
nous	nous	levions	nous	nous	étions	levé(e)s	nous	nous	soyons	levé(e)s
vous	vous	leviez	vous	vous	étiez	levé(e)(s)	vous	vous	soyez	levé(e)(s)
ils	se	levaient	ils	s'	étaient	levés	ils	se	soient	levés
elles	se	levaient	elles	s'	étaient	levées	elles	se	soient	levées

単　純　過　去			前　過　去			半　過　去		
je	me	levai	je	me	fus	levé(e)	je	me	levasse
tu	te	levas	tu	te	fus	levé(e)	tu	te	levasses
il	se	leva	il	se	fut	levé	il	se	levât
elle	se	leva	elle	se	fut	levée	elle	se	levât
nous	nous	levâmes	nous	nous	fûmes	levé(e)s	nous	nous	levassions
vous	vous	levâtes	vous	vous	fûtes	levé(e)(s)	vous	vous	levassiez
ils	se	levèrent	ils	se	furent	levés	ils	se	levassent
elles	se	levèrent	elles	se	furent	levées	elles	se	levassent

単　純　未　来			前　未　来			大　過　去		
je	me	lèverai	je	me	serai	levé(e)	je	me	fusse	levé(e)
tu	te	lèveras	tu	te	seras	levé(e)	tu	te	fusses	levé(e)
il	se	lèvera	il	se	sera	levé	il	se	fût	levé
elle	se	lèvera	elle	se	sera	levée	elle	se	fût	levée
nous	nous	lèverons	nous	nous	serons	levé(e)s	nous	nous	fussions	levé(e)s
vous	vous	lèverez	vous	vous	serez	levé(e)(s)	vous	vous	fussiez	levé(e)(s)
ils	se	lèveront	ils	se	seront	levés	ils	se	fussent	levés
elles	se	lèveront	elles	se	seront	levées	elles	se	fussent	levées

条　件　法						現在分詞
現　在			過　去			se levant
je	me	lèverais	je	me	serais	levé(e)	
tu	te	lèverais	tu	te	serais	levé(e)	
il	se	lèverait	il	se	serait	levé	**命　令　法**
elle	se	lèverait	elle	se	serait	levée	
nous	nous	lèverions	nous	nous	serions	levé(e)s	lève-toi
vous	vous	lèveriez	vous	vous	seriez	levé(e)(s)	levons-nous
ils	se	lèveraient	ils	se	seraient	levés	levez-vous
elles	se	lèveraient	elles	se	seraient	levées	

◇ se が間接補語のとき過去分詞は性・数の変化をしない.

不 定 法 現在分詞 過去分詞	直 説 法			
	現　　在	半　過　去	単純過去	単純未来
7. aimer *aimant* *aimé*	j' aime tu aimes il aime n. aimons v. aimez ils aiment	j' aimais tu aimais il aimait n. aimions v. aimiez ils aimaient	j' aimai tu aimas il aima n. aimâmes v. aimâtes ils aimèrent	j' aimerai tu aimeras il aimera n. aimerons v. aimerez ils aimeront
8. commencer *commençant* *commencé*	je commence tu commences il commence n. commençons v. commencez ils commencent	je commençais tu commençais il commençait n. commencions v. commenciez ils commençaient	je commençai tu commenças il commença n. commençâmes v. commençâtes ils commencèrent	je commencerai tu commenceras il commencera n. commencerons v. commencerez ils commenceront
9. manger *mangeant* *mangé*	je mange tu manges il mange n. mangeons v. mangez ils mangent	je mangeais tu mangeais il mangeait n. mangions v. mangiez ils mangeaient	je mangeai tu mangeas il mangea n. mangeâmes v. mangeâtes ils mangèrent	je mangerai tu mangeras il mangera n. mangerons v. mangerez ils mangeront
10. acheter *achetant* *acheté*	j' achète tu achètes il achète n. achetons v. achetez ils achètent	j' achetais tu achetais il achetait n. achetions v. achetiez ils achetaient	j' achetai tu achetas il acheta n. achetâmes v. achetâtes ils achetèrent	j' achèterai tu achèteras il achètera n. achèterons v. achèterez ils achèteront
11. appeler *appelant* *appelé*	j' appelle tu appelles il appelle n. appelons v. appelez ils appellent	j' appelais tu appelais il appelait n. appelions v. appeliez ils appelaient	j' appelai tu appelas il appela n. appelâmes v. appelâtes ils appelèrent	j' appellerai tu appelleras il appellera n. appellerons v. appellerez ils appelleront
12. préférer *préférant* *préféré*	je préfère tu préfères il préfère n. préférons v. préférez ils préfèrent	je préférais tu préférais il préférait n. préférions v. préfériez ils préféraient	je préférai tu préféras il préféra n. préférâmes v. préférâtes ils préférèrent	je préférerai tu préféreras il préférera n. préférerons v. préférerez ils préféreront
13. employer *employant* *employé*	j' emploie tu emploies il emploie n. employons v. employez ils emploient	j' employais tu employais il employait n. employions v. employiez ils employaient	j' employai tu employas il employa n. employâmes v. employâtes ils employèrent	j' emploierai tu emploieras il emploiera n. emploierons v. emploierez ils emploieront

条 件 法	接 続 法		命 令 法	同 型
現　　在	現　　在	半　過　去		
j'　aimerais tu　aimerais il　aimerait n.　aimerions v.　aimeriez ils　aimeraient	j'　aime tu　aimes il　aime n.　aimions v.　aimiez ils　aiment	j'　aimasse tu　aimasses il　aimât n.　aimassions v.　aimassiez ils　aimassent	aime aimons aimez	注語尾 -er の動詞 （除：aller, envoyer) を**第一群規則動詞**と もいう.
je　commencerais tu　commencerais il　commencerait n.　commencerions v.　commenceriez ils　commenceraient	je　commence tu　commences il　commence n.　commencions v.　commenciez ils　commencent	je　commençasse tu　commençasses il　commençât n.　commençassions v.　commençassiez ils　commençassent	commence commençons commencez	**avancer effacer forcer lancer placer prononcer remplacer renoncer**
je　mangerais tu　mangerais il　mangerait n.　mangerions v.　mangeriez ils　mangeraient	je　mange tu　manges il　mange n.　mangions v.　mangiez ils　mangent	je　mangeasse tu　mangeasses il　mangeât n.　mangeassions v.　mangeassiez ils　mangeassent	mange mangeons mangez	**arranger changer charger déranger engager manger obliger voyager**
j'　achèterais tu　achèterais il　achèterait n.　achèterions v.　achèteriez ils　achèteraient	j'　achète tu　achètes il　achète n.　achetions v.　achetiez ils　achètent	j'　achetasse tu　achetasses il　achetât n.　achetassions v.　achetassiez ils　achetassent	achète achetons achetez	**achever amener enlever lever mener peser (se) promener**
j'　appellerais tu　appellerais il　appellerait n.　appellerions v.　appelleriez ils　appelleraient	j'　appelle tu　appelles il　appelle n.　appelions v.　appeliez ils　appellent	j'　appelasse tu　appelasses il　appelât n.　appelassions v.　appelassiez ils　appelassent	appelle appelons appelez	**jeter rappeler rejeter renouveler**
je　préférerais tu　préférerais il　préférerait n.　préférerions v.　préféreriez ils　préféreraient	je　préfère tu　préfères il　préfère n.　préférions v.　préfériez ils　préfèrent	je　préférasse tu　préférasses il　préférât n.　préférassions v.　préférassiez ils　préférassent	préfère préférons préférez	**considérer désespérer espérer inquiéter pénétrer posséder répéter sécher**
j'　emploierais tu　emploierais il　emploierait n.　emploierions v.　emploieriez ils　emploieraient	j'　emploie tu　emploies il　emploie n.　employions v.　employiez ils　emploient	j'　employasse tu　employasses il　employât n.　employassions v.　employassiez ils　employassent	emploie employons employez	**-oyer（除：envoyer) -uyer appuyer ennuyer essuyer nettoyer**

不 定 法 現在分詞 過去分詞	直　説　法			
	現　在	半　過　去	単純過去	単純未来
14. payer *payant* *payé*	je paye (paie) tu payes (paies) il paye (paie) n. payons v. payez ils payent (paient)	je payais tu payais il payait n. payions v. payiez ils payaient	je payai tu payas il paya n. payâmes v. payâtes ils payèrent	je payerai (paierai) tu payeras (etc. . . .) il payera n. payerons v. payerez ils payeront
15. envoyer *envoyant* *envoyé*	j' envoie tu envoies il envoie n. envoyons v. envoyez ils envoient	j' envoyais tu envoyais il envoyait n. envoyions v. envoyiez ils envoyaient	j' envoyai tu envoyas il envoya n. envoyâmes v. envoyâtes ils envoyèrent	j' **enverrai** tu **enverras** il **enverra** n. **enverrons** v. **enverrez** ils **enverront**
16. aller *allant* *allé*	je **vais** tu **vas** il **va** n. allons v. allez ils **vont**	j' allais tu allais il allait n. allions v. alliez ils allaient	j' allai tu allas il alla n. allâmes v. allâtes ils allèrent	j' **irai** tu **iras** il **ira** n. **irons** v. **irez** ils **iront**
17. finir *finissant* *fini*	je finis tu finis il finit n. finissons v. finissez ils finissent	je finissais tu finissais il finissait n. finissions v. finissiez ils finissaient	je finis tu finis il finit n. finîmes v. finîtes ils finirent	je finirai tu finiras il finira n. finirons v. finirez ils finiront
18. partir *partant* *parti*	je pars tu pars il part n. partons v. partez ils partent	je partais tu partais il partait n. partions v. partiez ils partaient	je partis tu partis il partit n. partîmes v. partîtes ils partirent	je partirai tu partiras il partira n. partirons v. partirez ils partiront
19. sentir *sentant* *senti*	je sens tu sens il sent n. sentons v. sentez ils sentent	je sentais tu sentais il sentait n. sentions v. sentiez ils sentaient	je sentis tu sentis il sentit n. sentîmes v. sentîtes ils sentirent	je sentirai tu sentiras il sentira n. sentirons v. sentirez ils sentiront
20. tenir *tenant* *tenu*	je tiens tu tiens il tient n. tenons v. tenez ils tiennent	je tenais tu tenais il tenait n. tenions v. teniez ils tenaient	je tins tu tins il tint n. tînmes v. tîntes ils tinrent	je **tiendrai** tu **tiendras** il **tiendra** n. **tiendrons** v. **tiendrez** ils **tiendront**

条 件 法		接 続 法			命 令 法	同 型
現　在		現　在		半 過 去		
je payerais (paierais) tu payerais (*etc.* . . .) il payerait n. payerions v. payeriez ils payeraient		je paye (paie) tu payes (paies) il paye (paie) n. payions v. payiez ils payent (paient)		je payasse tu payasses il payât n. payassions v. payassiez ils payassent	paie (paye) payons payez	[発音] je paye [ʒəpɛj], je paie 「ʒəpɛ］; je payerai [ʒəpɛjre], je paierai 「ʒəpɛre].
j' enverrais tu enverrais il enverrait n. enverrions v. enverriez ils enverraient		j' envoie tu envoies il envoie n. envoyions v. envoyiez ils envoient		j' envoyasse tu envoyasses il envoyât n. envoyassions v. envoyassiez ils envoyassent	envoie envoyons envoyez	注未来, 条・現を除い ては, **13** と同じ. **renvoyer**
j' irais tu irais il irait n. irions v. iriez ils iraient		j' **aille** tu **ailles** il **aille** n. allions v. alliez ils **aillent**		j' allasse tu allasses il allât n. allassions v. allassiez ils allassent	**va** allons allez	注yがつくとき命令法・ 現在は vas: vas-y. 直・ 現・3人称複数に ont の 語尾をもつものは他に ont(avoir), sont(être), font(faire)のみ.
je finirais tu finirais il finirait n. finirions v. finiriez ils finiraient		je finisse tu finisses il finisse n. finissions v. finissiez ils finissent		je finisse tu finisses il finît n. finissions v. finissiez ils finissent	finis finissons finissez	注finir 型の動詞を第 2群規則動詞という.
je partirais tu partirais il partirait n. partirions v. partiriez ils partiraient		je parte tu partes il parte n. partions v. partiez ils partent		je partisse tu partisses il partît n. partissions v. partissiez ils partissent	pars partons partez	注助動詞は être. **sortir**
je sentirais tu sentirais il sentirait n. sentirions v. sentiriez ils sentiraient		je sente tu sentes il sente n. sentions v. sentiez ils sentent		je sentisse tu sentisses il sentît n. sentissions v. sentissiez ils sentissent	sens sentons sentez	注18と助動詞を除 けば同型.
je tiendrais tu tiendrais il tiendrait n. tiendrions v. tiendriez ils tiendraient		je tienne tu tiennes il tienne n. tenions v. teniez ils tiennent		je tinsse tu tinsses il tînt n. tinssions v. tinssiez ils tinssent	tiens tenons tenez	注**venir 21** と同型, ただし, 助動詞は avoir.

不 定 法 現在分詞 過去分詞	直 説 法			
	現　　在	半　過　去	単純過去	単純未来
21. venir *venant* *venu*	je　viens tu　viens il　vient n.　venons v.　venez ils　viennent	je　venais tu　venais il　venait n.　venions v.　veniez ils　venaient	je　vins tu　vins il　vint n.　vînmes v.　vîntes ils　vinrent	je　**viendrai** tu　**viendras** il　**viendra** n.　**viendrons** v.　**viendrez** ils　**viendront**
22. accueillir *accueillant* *accueilli*	j'　**accueille** tu　**accueilles** il　**accueille** n.　accueillons v.　accueillez ils　accueillent	j'　accueillais tu　accueillais il　accueillait n.　accueillions v.　accueilliez ils　accueillaient	j'　accueillis tu　accueillis il　accueillit n.　accueillîmes v.　accueillîtes ils　accueillirent	j'　**accueillerai** tu　**accueilleras** il　**accueillera** n.　**accueillerons** v.　**accueillerez** ils　**accueilleront**
23. ouvrir *ouvrant* *ouvert*	j'　**ouvre** tu　**ouvres** il　**ouvre** n.　ouvrons v.　ouvrez ils　ouvrent	j'　ouvrais tu　ouvrais il　ouvrait n.　ouvrions v.　ouvriez ils　ouvraient	j'　ouvris tu　ouvris il　ouvrit n.　ouvrîmes v.　ouvrîtes ils　ouvrirent	j'　ouvrirai tu　ouvriras il　ouvrira n.　ouvrirons v.　ouvrirez ils　ouvriront
24. courir *courant* *couru*	je　cours tu　cours il　court n.　courons v.　courez ils　courent	je　courais tu　courais il　courait n.　courions v.　couriez ils　couraient	je　courus tu　courus il　courut n.　courûmes v.　courûtes ils　coururent	je　**courrai** tu　**courras** il　**courra** n.　**courrons** v.　**courrez** ils　**courront**
25. mourir *mourant* *mort*	je　meurs tu　meurs il　meurt n.　mourons v.　mourez ils　meurent	je　mourais tu　mourais il　mourait n.　mourions v.　mouriez ils　mouraient	je　mourus tu　mourus il　mourut n.　mourûmes v.　mourûtes ils　moururent	je　**mourrai** tu　**mourras** il　**mourra** n.　**mourrons** v.　**mourrez** ils　**mourront**
26. acquérir *acquérant* *acquis*	j'　acquiers tu　acquiers il　acquiert n.　acquérons v.　acquérez ils　acquièrent	j'　acquérais tu　acquérais il　acquérait n.　acquérions v.　acquériez ils　acquéraient	j'　acquis tu　acquis il　acquit n.　acquîmes v.　acquîtes ils　acquirent	j'　**acquerrai** tu　**acquerras** il　**acquerra** n.　**acquerrons** v.　**acquerrez** ils　**acquerront**
27. fuir *fuyant* *fui*	je　fuis tu　fuis il　fuit n.　fuyons v.　fuyez ils　fuient	je　fuyais tu　fuyais il　fuyait n.　fuyions v.　fuyiez ils　fuyaient	je　fuis tu　fuis il　fuit n.　fuîmes v.　fuîtes ils　fuirent	je　fuirai tu　fuiras il　fuira n.　fuirons v.　fuirez ils　fuiront

条 件 法		接 続 法		命 令 法	同 型
現　　在		現　　在	半 過 去		
je viendrais tu viendrais il viendrait n. viendrions v. viendriez ils viendraient		je vienne tu viennes il vienne n. venions v. veniez ils viennent	je vinsse tu vinsses il vînt n. vinssions v. vinssiez ils vinssent	viens venons venez	注助動詞は être. **devenir** **intervenir** **prévenir** **revenir** **(se) souvenir**
j' accueillerais tu accueillerais il accueillerait n. accueillerions v. accueilleriez ils accueilleraient		j' accueille tu accueilles il accueille n. accueillions v. accueilliez ils accueillent	j' accueillisse tu accueillisses il accueillît n. accueillissions v. accueillissiez ils accueillissent	**accueille** accueillons accueillez	**cueillir**
j' ouvrirais tu ouvrirais il ouvrirait n. ouvririons v. ouvririez ils ouvriraient		j' ouvre tu ouvres il ouvre n. ouvrions v. ouvriez ils ouvrent	j' ouvrisse tu ouvrisses il ouvrît n. ouvrissions v. ouvrissiez ils ouvrissent	**ouvre** ouvrons ouvrez	**couvrir** **découvrir** **offrir** **souffrir**
je courrais tu courrais il courrait n. courrions v. courriez ils courraient		je coure tu coures il coure n. courions v. couriez ils courent	je courusse tu courusses il courût n. courussions v. courussiez ils courussent	cours courons courez	**accourir**
je mourrais tu mourrais il mourrait n. mourrions v. mourriez ils mourraient		je meure tu meures il meure n. mourions v. mouriez ils meurent	je mourusse tu mourusses il mourût n. mourussions v. mourussiez ils mourussent	meurs mourons mourez	注助動詞は être.
j' acquerrais tu acquerrais il acquerrait n. acquerrions v. acquerriez ils acquerraient		j' acquière tu acquières il acquière n. acquérions v. acquériez ils acquièrent	j' acquisse tu acquisses il acquît n. acquissions v. acquissiez ils acquissent	acquiers acquérons acquérez	**conquérir**
je fuirais tu fuirais il fuirait n. fuirions v. fuiriez ils fuiraient		je fuie tu fuies il fuie n. fuyions v. fuyiez ils fuient	je fuisse tu fuisses il fuît n. fuissions v. fuissiez ils fuissent	fuis fuyons fuyez	**s'enfuir**

不 定 法 現在分詞 過去分詞	直 説 法			
	現　在	半　過　去	単純過去	単純未来
28. rendre *rendant* *rendu*	je rends tu rends il **rend** n. rendons v. rendez ils rendent	je rendais tu rendais il rendait n. rendions v. rendiez ils rendaient	je rendis tu rendis il rendit n. rendîmes v. rendîtes ils rendirent	je rendrai tu rendras il rendra n. rendrons v. rendrez ils rendront
29. prendre *prenant* *pris*	je prends tu prends il **prend** n. prenons v. prenez ils prennent	je prenais tu prenais il prenait n. prenions v. preniez ils prenaient	je pris tu pris il prit n. prîmes v. prîtes ils prirent	je prendrai tu prendras il prendra n. prendrons v. prendrez ils prendront
30. craindre *craignant* *craint*	je crains tu crains il craint n. craignons v. craignez ils craignent	je craignais tu craignais il craignait n. craignions v. craigniez ils craignaient	je craignis tu craignis il craignit n. craignîmes v. craignîtes ils craignirent	je craindrai tu craindras il craindra n. craindrons v. craindrez ils craindront
31. faire *faisant* *fait*	je fais tu fais il fait n. faisons v. **faites** ils **font**	je faisais tu faisais il faisait n. faisions v. faisiez ils faisaient	je fis tu fis il fit n. fîmes v. fîtes ils firent	je **ferai** tu **feras** il **fera** n. **ferons** v. **ferez** ils **feront**
32. dire *disant* *dit*	je dis tu dis il dit n. disons v. **dites** ils disent	je disais tu disais il disait n. disions v. disiez ils disaient	je dis tu dis il dit n. dîmes v. dîtes ils dirent	je dirai tu diras il dira n. dirons v. direz ils diront
33. lire *lisant* *lu*	je lis tu lis il lit n. lisons v. lisez ils lisent	je lisais tu lisais il lisait n. lisions v. lisiez ils lisaient	je lus tu lus il lut n. lûmes v. lûtes ils lurent	je lirai tu liras il lira n. lirons v. lirez ils liront
34. suffire *suffisant* *suffi*	je suffis tu suffis il suffit n. suffisons v. suffisez ils suffisent	je suffisais tu suffisais il suffisait n. suffisions v. suffisiez ils suffisaient	je suffis tu suffis il suffit n. suffîmes v. suffîtes ils suffirent	je suffirai tu suffiras il suffira n. suffirons v. suffirez ils suffiront

条 件 法	接 続 法		命 令 法	同 型
現　在	現　在	半 過 去		
je rendrais tu rendrais il rendrait n. rendrions v. rendriez ils rendraient	je rende tu rendes il rende n. rendions v. rendiez ils rendent	je rendisse tu rendisses il rendît n. rendissions v. rendissiez ils rendissent	rends rendons rendez	**attendre** **descendre** **entendre** **pendre** **perdre** **répandre** **répondre** **vendre**
je prendrais tu prendrais il prendrait n. prendrions v. prendriez ils prendraient	je prenne tu prennes il prenne n. prenions v. preniez ils prennent	je prisse tu prisses il prît n. prissions v. prissiez ils prissent	prends prenons prenez	**apprendre** **comprendre** **entreprendre** **reprendre** **surprendre**
je craindrais tu craindrais il craindrait n. craindrions v. craindriez ils craindraient	je craigne tu craignes il craigne n. craignions v. craigniez ils craignent	je craignisse tu craignisses il craignît n. craignissions v. craignissiez ils craignissent	crains craignons craignez	**atteindre** **éteindre** **joindre** **peindre** **plaindre**
je ferais tu ferais il ferait n. ferions v. feriez ils feraient	je **fasse** tu **fasses** il **fasse** n. **fassions** v. **fassiez** ils **fassent**	je fisse tu fisses il fît n. fissions v. fissiez ils fissent	fais faisons **faites**	**défaire** **refaire** **satisfaire** 注 fais-[f(ə)z-]
je dirais tu dirais il dirait n. dirions v. diriez ils diraient	je dise tu dises il dise n. disions v. disiez ils disent	je disse tu disses il dît n. dissions v. dissiez ils dissent	dis disons **dites**	**redire**
je lirais tu lirais il lirait n. lirions v. liriez ils liraient	je lise tu lises il lise n. lisions v. lisiez ils lisent	je lusse tu lusses il lût n. lussions v. lussiez ils lussent	lis lisons lisez	**relire** **élire**
je suffirais tu suffirais il suffirait n. suffirions v. suffiriez ils suffiraient	je suffise tu suffises il suffise n. suffisions v. suffisiez ils suffisent	je suffisse tu suffisses il suffît n. suffissions v. suffissiez ils suffissent	suffis suffisons suffisez	

不 定 法 現在分詞 過去分詞	直　説　法			
	現　　在	半　過　去	単純過去	単純未来
35. conduire *conduisant* *conduit*	je　conduis tu　conduis il　conduit n.　conduisons v.　conduisez ils　conduisent	je　conduisais tu　conduisais il　conduisait n.　conduisions v.　conduisiez ils　conduisaient	je　conduisis tu　conduisis il　conduisit n.　conduisîmes v.　conduisîtes ils　conduisirent	je　conduirai tu　conduiras il　conduira n.　conduirons v.　conduirez ils　conduiront
36. plaire *plaisant* *plu*	je　plais tu　plais il　**plaît** n.　plaisons v.　plaisez ils　plaisent	je　plaisais tu　plaisais il　plaisait n.　plaisions v.　plaisiez ils　plaisaient	je　plus tu　plus il　plut n.　plûmes v.　plûtes ils　plurent	je　plairai tu　plairas il　plaira n.　plairons v.　plairez ils　plairont
37. coudre *cousant* *cousu*	je　couds tu　couds il　coud n.　cousons v.　cousez ils　cousent	je　cousais tu　cousais il　cousait n.　cousions v.　cousiez ils　cousaient	je　cousis tu　cousis il　cousit n.　cousîmes v.　cousîtes ils　cousirent	je　coudrai tu　coudras il　coudra n.　coudrons v.　coudrez ils　coudront
38. suivre *suivant* *suivi*	je　suis tu　suis il　suit n.　suivons v.　suivez ils　suivent	je　suivais tu　suivais il　suivait n.　suivions v.　suiviez ils　suivaient	je　suivis tu　suivis il　suivit n.　suivîmes v.　suivîtes ils　suivirent	je　suivrai tu　suivras il　suivra n.　suivrons v.　suivrez ils　suivront
39. vivre *vivant* *vécu*	je　vis tu　vis il　vit n.　vivons v.　vivez ils　vivent	je　vivais tu　vivais il　vivait n.　vivions v.　viviez ils　vivaient	je　vécus tu　vécus il　vécut n.　vécûmes v.　vécûtes ils　vécurent	je　vivrai tu　vivras il　vivra n.　vivrons v.　vivrez ils　vivront
40. écrire *écrivant* *écrit*	j'　écris tu　écris il　écrit n.　écrivons v.　écrivez ils　écrivent	j'　écrivais tu　écrivais il　écrivait n.　écrivions v.　écriviez ils　écrivaient	j'　écrivis tu　écrivis il　écrivit n.　écrivîmes v.　écrivîtes ils　écrivirent	j'　écrirai tu　écriras il　écrira n.　écrirons v.　écrirez ils　écriront
41. boire *buvant* *bu*	je　bois tu　bois il　boit n.　buvons v.　buvez ils　boivent	je　buvais tu　buvais il　buvait n.　buvions v.　buviez ils　buvaient	je　bus tu　bus il　but n.　bûmes v.　bûtes ils　burent	je　boirai tu　boiras il　boira n.　boirons v.　boirez ils　boiront

条 件 法	接 続 法		命 令 法	同 型
現　　在	現　　在	半 過 去		
je conduirais tu conduirais il conduirait n. conduirions v. conduiriez ils conduiraient	je conduise tu conduises il conduise n. conduisions v. conduisiez ils conduisent	je conduisisse tu conduisisses il conduisît n. conduisissions v. conduisissiez ils conduisissent	conduis conduisons conduisez	**construire** **cuire** **détruire** **instruire** **introduire** **produire** **traduire**
je plairais tu plairais il plairait n. plairions v. plairiez ils plairaient	je plaise tu plaises il plaise n. plaisions v. plaisiez ils plaisent	je plusse tu plusses il plût n. plussions v. plussiez ils plussent	plais plaisons plaisez	**déplaire** **(se) taire** （ただし il se tait)
je coudrais tu coudrais il coudrait n. coudrions v. coudriez ils coudraient	je couse tu couses il couse n. cousions v. cousiez ils cousent	je cousisse tu cousisses il cousît n. cousissions v. cousissiez ils cousissent	couds cousons cousez	
je suivrais tu suivrais il suivrait n. suivrions v. suivriez ils suivraient	je suive tu suives il suive n. suivions v. suiviez ils suivent	je suivisse tu suivisses il suivît n. suivissions v. suivissiez ils suivissent	suis suivons suivez	**poursuivre**
je vivrais tu vivrais il vivrait n. vivrions v. vivriez ils vivraient	je vive tu vives il vive n. vivions v. viviez ils vivent	je vécusse tu vécusses il vécût n. vécussions v. vécussiez ils vécussent	vis vivons vivez	
j' écrirais tu écrirais il écrirait n. écririons v. écririez ils écriraient	j' écrive tu écrives il écrive n. écrivions v. écriviez ils écrivent	j' écrivisse tu écrivisses il écrivît n. écrivissions v. écrivissiez ils écrivissent	écris écrivons écrivez	**décrire** **inscrire**
je boirais tu boirais il boirait n. boirions v. boiriez ils boiraient	je boive tu boives il boive n. buvions v. buviez ils boivent	je busse tu busses il bût n. bussions v. bussiez ils bussent	bois buvons buvez	

不 定 法 現在分詞 過去分詞	直 説 法			
	現　　在	半　過　去	単純過去	単純未来
42. résoudre *résolvant* *résolu*	je résous tu résous il résout n. résolvons v. résolvez ils résolvent	je résolvais tu résolvais il résolvait n. résolvions v. résolviez ils résolvaient	je résolus tu résolus il résolut n. résolûmes v. résolûtes ils résolurent	je résoudrai tu résoudras il résoudra n. résoudrons v. résoudrez ils résoudront
43. connaître *connaissant* *connu*	je connais tu connais il **connaît** n. connaissons v. connaissez ils connaissent	je connaissais tu connaissais il connaissait n. connaissions v. connaissiez ils connaissaient	je connus tu connus il connut n. connûmes v. connûtes ils connurent	je connaîtrai tu connaîtras il connaîtra n. connaîtrons v. connaîtrez ils connaîtront
44. naître *naissant* *né*	je nais tu nais il **naît** n. naissons v. naissez ils naissent	je naissais tu naissais il naissait n. naissions v. naissiez ils naissaient	je naquis tu naquis il naquit n. naquîmes v. naquîtes ils naquirent	je naîtrai tu naîtras il naîtra n. naîtrons v. naîtrez ils naîtront
45. croire *croyant* *cru*	je crois tu crois il croit n. croyons v. croyez ils croient	je croyais tu croyais il croyait n. croyions v. croyiez ils croyaient	je crus tu crus il crut n. crûmes v. crûtes ils crurent	je croirai tu croiras il croira n. croirons v. croirez ils croiront
46. battre *battant* *battu*	je bats tu bats il **bat** n. battons v. battez ils battent	je battais tu battais il battait n. battions v. battiez ils battaient	je battis tu battis il battit n. battîmes v. battîtes ils battirent	je battrai tu battras il battra n. battrons v. battrez ils battront
47. mettre *mettant* *mis*	je mets tu mets il **met** n. mettons v. mettez ils mettent	je mettais tu mettais il mettait n. mettions v. mettiez ils mettaient	je mis tu mis il mit n. mîmes v. mîtes ils mirent	je mettrai tu mettras il mettra n. mettrons v. mettrez ils mettront
48. rire *riant* *ri*	je ris tu ris il rit n. rions v. riez ils rient	je riais tu riais il riait n. riions v. riiez ils riaient	je ris tu ris il rit n. rîmes v. rîtes ils rirent	je rirai tu riras il rira n. rirons v. rirez ils riront

条 件 法	接 続 法		命 令 法	同 型
現　　在	現　　在	半　過　去		
je résoudrais tu résoudrais il résoudrait n. résoudrions v. résoudriez ils résoudraient	je résolve tu résolves il résolve n. résolvions v. résolviez ils résolvent	je résolusse tu résolusses il résolût n. résolussions v. résolussiez ils résolussent	résous résolvons résolvez	
je connaîtrais tu connaîtrais il connaîtrait n. connaîtrions v. connaîtriez ils connaîtraient	je connaisse tu connaisses il connaisse n. connaissions v. connaissiez ils connaissent	je connusse tu connusses il connût n. connussions v. connussiez ils connussent	connais connaissons connaissez	注 t の前にくるとき i→î. **apparaître** **disparaître** **paraître** **reconnaître**
je naîtrais tu naîtrais il naîtrait n. naîtrions v. naîtriez ils naîtraient	je naisse tu naisses il naisse n. naissions v. naissiez ils naissent	je naquisse tu naquisses il naquît n. naquissions v. naquissiez ils naquissent	nais naissons naissez	注 t の前にくるとき i→î. 助動詞は être.
je croirais tu croirais il croirait n. croirions v. croiriez ils croiraient	je croie tu croies il croie n. croyions v. croyiez ils croient	je crusse tu crusses il crût n. crussions v. crussiez ils crussent	crois croyons croyez	
je battrais tu battrais il battrait n. battrions v. battriez ils battraient	je batte tu battes il batte n. battions v. battiez ils battent	je battisse tu battisses il battît n. battissions v. battissiez ils battissent	bats battons battez	**abattre** **combattre**
je mettrais tu mettrais il mettrait n. mettrions v. mettriez ils mettraient	je mette tu mettes il mette n. mettions v. mettiez ils mettent	je misse tu misses il mît n. missions v. missiez ils missent	mets mettons mettez	**admettre** **commettre** **permettre** **promettre** **remettre**
je rirais tu rirais il rirait n. ririons v. ririez ils riraient	je rie tu ries il rie n. riions v. riiez ils rient	je risse tu risses il rît n. rissions v. rissiez ils rissent	ris rions riez	**sourire**

不 定 法 現在分詞 過去分詞	直 説 法			
	現　在	半 過 去	単純過去	単純未来
49. conclure *concluant* *conclu*	je　conclus tu　conclus il　conclut n.　concluons v.　concluez ils　concluent	je　concluais tu　concluais il　concluait n.　concluions v.　concluiez ils　concluaient	je　conclus tu　conclus il　conclut n.　conclûmes v.　conclûtes ils　conclurent	je　conclurai tu　concluras il　conclura n.　conclurons v.　conclurez ils　concluront
50. rompre *rompant* *rompu*	je　romps tu　romps il　rompt n.　rompons v.　rompez ils　rompent	je　rompais tu　rompais il　rompait n.　rompions v.　rompiez ils　rompaient	je　rompis tu　rompis il　rompit n.　rompîmes v.　rompîtes ils　rompirent	je　romprai tu　rompras il　rompra n.　romprons v.　romprez ils　rompront
51. vaincre *vainquant* *vaincu*	je　vaincs tu　vaincs il　**vainc** n.　vainquons v.　vainquez ils　vainquent	je　vainquais tu　vainquais il　vainquait n.　vainquions v.　vainquiez ils　vainquaient	je　vainquis tu　vainquis il　vainquit n.　vainquîmes v.　vainquîtes ils　vainquirent	je　vaincrai tu　vaincras il　vaincra n.　vaincrons v.　vaincrez ils　vaincront
52. recevoir *recevant* *reçu*	je　reçois tu　reçois il　reçoit n.　recevons v.　recevez ils　reçoivent	je　recevais tu　recevais il　recevait n.　recevions v.　receviez ils　recevaient	je　reçus tu　reçus il　reçut n.　reçûmes v.　reçûtes ils　reçurent	je　**recevrai** tu　**recevras** il　**recevra** n.　**recevrons** v.　**recevrez** ils　**recevront**
53. devoir *devant* *dû* (due, dus, dues)	je　dois tu　dois il　doit n.　devons v.　devez ils　doivent	je　devais tu　devais il　devait n.　devions v.　deviez ils　devaient	je　dus tu　dus il　dut n.　dûmes v.　dûtes ils　durent	je　**devrai** tu　**devras** il　**devra** n.　**devrons** v.　**devrez** ils　**devront**
54. pouvoir *pouvant* *pu*	je　**peux (puis)** tu　**peux** il　peut n.　pouvons v.　pouvez ils　peuvent	je　pouvais tu　pouvais il　pouvait n.　pouvions v.　pouviez ils　pouvaient	je　pus tu　pus il　put n.　pûmes v.　pûtes ils　purent	je　**pourrai** tu　**pourras** il　**pourra** n.　**pourrons** v.　**pourrez** ils　**pourront**
55. émouvoir *émouvant* *ému*	j'　émeus tu　émeus il　émeut n.　émouvons v.　émouvez ils　émeuvent	j'　émouvais tu　émouvais il　émouvait n.　émouvions v.　émouviez ils　émouvaient	j'　émus tu　émus il　émut n.　émûmes v.　émûtes ils　émurent	j'　**émouvrai** tu　**émouvras** il　**émouvra** n.　**émouvrons** v.　**émouvrez** ils　**émouvront**

条 件 法	接 続 法		命 令 法	同 型
現 在	現 在	半 過 去		
je conclurais tu conclurais il conclurait n. conclurions v. concluriez ils concluraient	je conclue tu conclues il conclue n. concluions v. concluiez ils concluent	je conclusse tu conclusses il conclût n. conclussions v. conclussiez ils conclussent	conclus concluons concluez	
je romprais tu romprais il romprait n. romprions v. rompriez ils rompraient	je rompe tu rompes il rompe n. rompions v. rompiez ils rompent	je rompisse tu rompisses il rompît n. rompissions v. rompissiez ils rompissent	romps rompons rompez	**interrompre**
je vaincrais tu vaincrais il vaincrait n. vaincrions v. vaincriez ils vaincraient	je vainque tu vainques il vainque n. vainquions v. vainquiez ils vainquent	je vainquisse tu vainquisses il vainquît n. vainquissions v. vainquissiez ils vainquissent	vaincs vainquons vainquez	**convaincre**
je recevrais tu recevrais il recevrait n. recevrions v. recevriez ils recevraient	je reçoive tu reçoives il reçoive n. recevions v. receviez ils reçoivent	je reçusse tu reçusses il reçût n. reçussions v. reçussiez ils reçussent	reçois recevons recevez	**apercevoir** **concevoir**
je devrais tu devrais il devrait n. devrions v. devriez ils devraient	je doive tu doives il doive n. devions v. deviez ils doivent	je dusse tu dusses il dût n. dussions v. dussiez ils dussent	dois devons devez	注命令法はほとんど 用いられない.
je pourrais tu pourrais il pourrait n. pourrions v. pourriez ils pourraient	je **puisse** tu **puisses** il **puisse** n. **puissions** v. **puissiez** ils **puissent**	je pusse tu pusses il pût n. pussions v. pussiez ils pussent		注命令法はない.
j' émouvrais tu émouvrais il émouvrait n. émouvrions v. émouvriez ils émouvraient	j' émeuve tu émeuves il émeuve n. émouvions v. émouviez ils émeuvent	j' émusse tu émusses il émût n. émussions v. émussiez ils émussent	émeus émouvons émouvez	**mouvoir** ただし過去分詞は mû (mue, mus, mues)

不 定 法 現在分詞 過去分詞	直 説 法			
	現　　在	半　過　去	単純過去	単純未来
56. savoir *sachant* *su*	je sais tu sais il sait n. savons v. savez ils savent	je savais tu savais il savait n. savions v. saviez ils savaient	je sus tu sus il sut n. sûmes v. sûtes ils surent	je **saurai** tu **sauras** il **saura** n. **saurons** v. **saurez** ils **sauront**
57. voir *voyant* *vu*	je vois tu vois il voit n. voyons v. voyez ils voient	je voyais tu voyais il voyait n. voyions v. voyiez ils voyaient	je vis tu vis il vit n. vîmes v. vîtes ils virent	je **verrai** tu **verras** il **verra** n. **verrons** v. **verrez** ils **verront**
58. vouloir *voulant* *voulu*	je **veux** tu **veux** il veut n. voulons v. voulez ils veulent	je voulais tu voulais il voulait n. voulions v. vouliez ils voulaient	je voulus tu voulus il voulut n. voulûmes v. voulûtes ils voulurent	je **voudrai** tu **voudras** il **voudra** n. **voudrons** v. **voudrez** ils **voudront**
59. valoir *valant* *valu*	je **vaux** tu **vaux** il vaut n. valons v. valez ils valent	je valais tu valais il valait n. valions v. valiez ils valaient	je valus tu valus il valut n. valûmes v. valûtes ils valurent	je **vaudrai** tu **vaudras** il **vaudra** n. **vaudrons** v. **vaudrez** ils **vaudront**
60. s'asseoir *s'asseyant*[1] *assis*	je m'assieds[1] tu t'assieds il **s'assied** n. n. asseyons v. v. asseyez ils s'asseyent	je m'asseyais[1] tu t'asseyais il s'asseyait n. n. asseyions v. v. asseyiez ils s'asseyaient	je m'assis tu t'assis il s'assit n. n. assîmes v. v. assîtes ils s'assirent	je m'**assiérai**[1] tu t'**assiéras** il s'**assiéra** n. n. **assiérons** v. v. **assiérez** ils s'**assiéront**
s'assoyant[2]	je m'assois[2] tu t'assois il s'assoit n. n. assoyons v. v. assoyez ils s'assoient	je m'assoyais[2] tu t'assoyais il s'assoyait n. n. assoyions v. v. assoyiez ils s'assoyaient		je m'**assoirai**[2] tu t'**assoiras** il s'**assoira** n. n. **assoirons** v. v. **assoirez** ils s'**assoiront**
61. pleuvoir *pleuvant* *plu*	il pleut	il pleuvait	il plut	il **pleuvra**
62. falloir *fallu*	il faut	il fallait	il fallut	il **faudra**

条 件 法	接 続 法		命 令 法	同 型
現　　在	現　　在	半　過　去		
je saurais tu saurais il saurait n. saurions v. sauriez ils sauraient	je **sache** tu **saches** il **sache** n. **sachions** v. **sachiez** ils **sachent**	je susse tu susses il sût n. sussions v. sussiez ils sussent	**sache** **sachons** **sachez**	
je verrais tu verrais il verrait n. verrions v. verriez ils verraient	je voie tu voies il voie n. voyions v. voyiez ils voient	je visse tu visses il vît n. vissions v. vissiez ils vissent	vois voyons voyez	**revoir**
je voudrais tu voudrais il voudrait n. voudrions v. voudriez ils voudraient	je **veuille** tu **veuilles** il **veuille** n. voulions v. vouliez ils **veuillent**	je voulusse tu voulusses il voulût n. voulussions v. voulussiez ils voulussent	**veuille** **veuillons** **veuillez**	
je vaudrais tu vaudrais il vaudrait n. vaudrions v. vaudriez ils vaudraient	je **vaille** tu **vailles** il **vaille** n. valions v. valiez ils **vaillent**	je valusse tu valusses il valût n. valussions v. valussiez ils valussent		注 命令法はほとん ど用いられない.
je m'assiérais[1] tu t'assiérais il s'assiérait n. n. assiérions v. v. assiériez ils s'assiéraient	je m'asseye[1] tu t'asseyes il s'asseye n. n. asseyions v. v. asseyiez ils s'asseyent	j' m'assisse tu t'assisses il s'assît	assieds-toi[1] asseyons-nous asseyez-vous	注 時称により2種の 活用があるが, (1)は古来の活用で, (2)は俗語調である. (1)の方が多く使われ る.
je m'assoirais[2] tu t'assoirais il s'assoirait n. n. assoirions v. v. assoiriez ils s'assoiraient	je m'assoie[2] tu t'assoies il s'assoie n. n. assoyions v. v. assoyiez ils s'assoient	n. n. assissions v. v. assissiez ils s'assissent	assois-toi[2] assoyons-nous assoyez-vous	
il pleuvrait	il pleuve	il plût		注 命令法はない.
il faudrait	il **faille**	il fallût		注 命令法・現在分詞 はない.

23

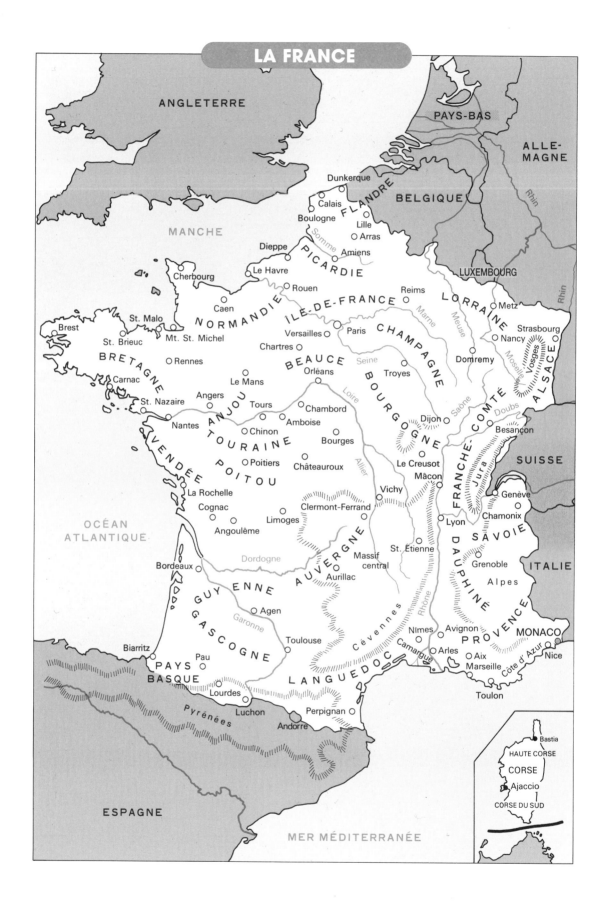

LA FRANCE

ANGLETERRE

PAYS-BAS

ALLE-MAGNE

BELGIQUE

Rhin

MANCHE

Dunkerque

FLANDRE

Calais

Boulogne

Lille

Arras

LUXEMBOURG

Somme

Amiens

Dieppe

PICARDIE

LORRAINE

Metz

Reims

Strasbourg

Cherbourg

Le Havre

Rouen

Nancy

St. Malo

Caen

NORMANDIE

ÎLE-DE-FRANCE

CHAMPAGNE

Marne

Meuse

VOSGES

Brest

Mt. St. Michel

Versailles

Paris

Domremy

Moselle

ALSACE

St. Brieuc

Chartres

Seine

BRETAGNE

Rennes

BEAUCE

Troyes

Carnac

Le Mans

Orléans

BOURGOGNE

Dijon

Doubs

Besançon

St. Nazaire

Angers

ANJOU

Tours

Chambord

Saône

JURA

SUISSE

Nantes

Amboise

Bourges

Loire

FRANCHE-COMTÉ

TOURAINE

Chinon

Le Creusot

VENDÉE

POITOU

Poitiers

Châteauroux

Allier

Mâcon

Genève

La Rochelle

Vichy

Chamonix

Cognac

Limoges

Clermont-Ferrand

Lyon

SAVOIE

OCÉAN
ATLANTIQUE

Angoulême

AUVERGNE

St. Étienne

DAUPHINÉ

ITALIE

Dordogne

Massif
central

Grenoble

Bordeaux

Aurillac

Alpes

GUYENNE

Agen

Rhône

Nîmes

Avignon

PROVENCE

MONACO

GASCOGNE

Garonne

Toulouse

Cévennes

Camargue

Arles

Aix

Nice

Biarritz

Pau

Arles

Marseille

Côte d'Azur

PAYS
BASQUE

LANGUEDOC

Toulon

Lourdes

Luchon

Perpignan

Pyrénées

Andorre

ESPAGNE

MER MÉDITERRANÉE

Bastia

HAUTE CORSE

CORSE

Ajaccio

CORSE DU SUD